山东省研究生教育质量提升计划
——2021年山东省研究生教育教学改革研究项目
（SDYJG21207）阶段成果

U0666546

现代体育
教学管理研究

卜宪贵◎著

九 州 出 版 社
JIUZHOUPRESS

图书在版编目（CIP）数据

现代体育教学管理研究 / 卜宪贵著. -- 北京 ： 九
州出版社，2023.9（2024.1重印）
ISBN 978-7-5225-2162-6

Ⅰ．①现… Ⅱ．①卜… Ⅲ．①体育教学－教学管理－
研究 Ⅳ．①G807.01

中国国家版本馆CIP数据核字(2023)第174983号

现代体育教学管理研究

作　　者	卜宪贵　著	
责任编辑	赵恒丹	
出版发行	九州出版社	
地　　址	北京市西城区阜外大街甲 35 号（100037）	
发行电话	（010）68992190/3/5/6	
网　　址	www.jiuzhoupress.com	
印　　刷	永清县晔盛亚胶印有限公司	
开　　本	880 毫米 ×1230 毫米　32 开	
印　　张	6.25	
字　　数	188 千字	
版　　次	2023 年 9 月第 1 版	
印　　次	2024 年 1 月第 2 次印刷	
书　　号	ISBN 978-7-5225-2162-6	
定　　价	58.00 元	

前　言

　　体育教学管理在体育教学体系中占据重要地位，随着教学改革的日益深化，以及素质教育的全面推进，体育教学管理在不断摸索中确定了基本的指导思想和创新发展方向。体育教学改革是一个长期、体系化的发展过程，在更新教学管理模式过程中，需要学校、教师以及相关主管部门的共同协作。而事实上，由于经验的缺乏，体育教学也存在诸多问题，体育界及教育界专家对此提出不少建议与对策，但从实施成效来看却并不尽如人意，且缺乏创新。因此，为了进一步规范体育教学管理，突破现有的研究瓶颈，全面推动现代体育教学管理工作的科学开展，笔者特撰写《现代体育教学管理研究》一书，试图为体育教学管理工作提供有意义的参考和指导。

　　全书共分为六章，第一章阐述了现代体育教学管理概论；第二章从理论层面探讨了现代体育教学管理相关基础知识；第三章至第五章分别对现代体育教学的资源管理、课堂教学管理，以及教学主体管理进行了详细概述；第六章则探讨了现代体育教学管理的创新。

　　本书在撰写过程中借鉴了众多专家、学者的研究成果和观点，在此表示诚挚的谢意。由于笔者时间和精力有限，书中难免存在不妥之处，敬请读者谅解并指正。

目　录

第一章　体育教学概述 ···················· 1

　　第一节　体育教学的概念与特点 ················· 1

　　第二节　体育教学的性质与功能 ················· 11

　　第三节　体育教学的目标与原则 ················· 17

　　第四节　体育教学过程中的主体 ················· 29

第二章　现代体育教学管理理论基础 ··········· 32

　　第一节　现代体育教学管理的内容与机制 ··········· 32

　　第二节　现代体育教学管理的原则与方法 ··········· 47

　　第三节　现代体育教学管理的组织机构与计划 ········· 52

　　第四节　现代体育教学管理的具体工作 ············ 63

第三章　现代体育教学资源管理 ············· 71

　　第一节　体育教学人力资源管理 ················ 71

　　第二节　体育教学物力资源管理 ················ 81

第三节　体育教学财力资源管理 …………………………… 91

第四章　现代体育课堂教学管理 …………………………… 102

第一节　体育课堂教学的组织与管理概述 …………… 102

第二节　体育课堂教学管理的方法 …………… 114

第三节　体育课堂教学质量管理 …………………… 119

第四节　提高体育课堂教学管理的有效性 …………… 125

第五章　现代体育教学主体管理 …………………………… 137

第一节　体育教师管理 ………………………………… 137

第二节　教学对象管理 ………………………………… 152

第三节　师生关系研究 ………………………………… 167

第六章　现代体育教学管理的创新 ………………………… 176

第一节　教学管理的发展与完善策略 ………………… 176

第二节　教学管理观念与活动创新 …………………… 183

第三节　管理体制与机制创新 ………………………… 186

参考文献 ……………………………………………………… 189

第一章 体育教学概述

体育教学活动是随着体育学科的建立而出现的。作为现代教育教学的重要组成部分，体育教学是培养全面发展人才，落实素质教育的重要途径。要发挥体育教学的价值和作用，培育现代体育人才，体育工作者需要有丰富的体育教学基本知识，其中，体育教学的概念与特点、性质与功能、目标与原则以及教学主体这些基本知识都是必不可少的。本章将从以上几方面依次对体育教学进行系统的解读和分析。

第一节 体育教学的概念与特点

一、体育教学概念

（一）教学的定义

"教"与"学"合称为教学，孔颖达疏曰，"上学为教，音效；下学者谓习也，谓学习也。言教人乃是益己学之半也"。在国外，"教学"的研究发展也有相当长的一段历史。目前，学术界对于"教学"的概念界定没有达成共识，不同的学者有不同的看法和见解。

1. 国外对教学的定义

（1）从宏观角度分析，教学作为一种教育活动具有特殊性，是教学者为让受教育者掌握一种或多种文化，对受教育者进行教授、传播这种文化的活动。教学者具备传播知识、技能的能力，并和受教育者一起构成教学主体。[①]

（2）从微观角度分析，教学是由教师进行传授，学生进行学习的活动，教师是活动的引导者、组织者和文化传播者，学生是知识文化的学习者，同时也是活动的主体。

概括来说，教学就是一种以特定文化为对象的"教"和"学"的活动。

2. 国内对教学的定义

我国目前对于教学的定义众说纷纭，但影响力最大且权威性较强的观点主要有以下两种。

统一活动说。代表人物是王策三和李秉德，他们认为教学过程是"教"与"学"组成的一个整体，注重学生身体和心理上的全面发展。[②]

（2）教学的广义和狭义说。广义上的教学是指文化、知识、经验、技术等的传授和获取的过程。狭义上的教学是指以培养人为目的的各种教学活动。

"教学"是一种动态行为，是教学工作者对具体的学科知识和技能进行组合，带有目的性、计划性、针对性的教学行为。目前看来，这一种论述比较符合我国体育教育的现状。

---

① Despina Kaittani, Olga Kouli, Vassiliki Derri, Efthymios Kioumourtzoglou. Interdisciplinary Teaching in Physical Education[J]. Arab Journal of Nutrition and Exercise，2017，2.

② 王策三. 认真对待"轻视知识"的教育思潮——再评由"应试教育"向素质教育转轨提法的讨论 [J]. 北京大学教育评论，2004（03）：5-23.

（二）体育教学

教学是为了达到某种具体的教学目标，需要教师和学生共同参与、互相配合的活动。体育教学作为一门学科，属于一种教学活动，也是体育教育中的重要组成部分。同时体育教学是对体育活动进行组织和教学的活动。

体育教学涵盖了教学所有的应该具备的基础流程和内容。体育教学又具有特殊性，因为体育教学涉及知识面非常广泛，主要有生物学、心理学、哲学、教育学等学科。要求教育者从这些学科中汲取知识，以增进学生体能、身心健康为主要目标，并达到促进学生身心全面发展的最终目的。体育教学不仅需要掌握理论知识，更为重要的是要把知识灵活运用到实践中去，同时需要具备一定的运动技能。

综上，体育教学可以定义为：体育教师在教学过程中，以体育教材为主，引导学生学习体育基本知识、掌握体育基本技术，养成体育锻炼习惯，促进身心健康发展的一种活动。

体育教学究其本质是在学校进行的教学活动，主要由体育教师和学生组成，教学活动内容是为了促进学生身心健康和全面发展，学生作为主体在教师的主导引领下，学习体育的基本知识原理、体育运动技能、技术。

二、体育教学的特点

体育教学作为教学学科既有教学活动的特点，又有其特点，现对体育教学特点进行详细的解析。

（一）身体活动的常态性

身体发展是体育学科的基础内容，所以身体活动是体育教学活动的主要内容和形式，也因此，体育教学过程中会出现很多对于身体活动的要求，这也是体育学科和其他学科最大的不同点。

文化类学科教学多数在安静的教室、多功能室进行，教学活动相对来说要安静，以便让学生静下心来思考。

体育教学通常在室外进行，如果在室内进行也会选择场地较为宽广的专用场所，与文化课相反的是教学过程中不需要刻意制造安静的氛围，学生与教师、学生相互间都可以随时就相关问题进行交流，以达到掌握运动技术的目的。在教学过程中，由于需要学习掌握相关体育运动技能、技术，所以需要不断地进行动作的重复学习和练习，这也就决定了体育教学活动中需要经常性地进行身体活动，也就是体育教学具有身体活动的常态性特点。

体育教学内容几乎都是围绕身体活动来开展相关理论知识、技术、技能等教学，这也是对"身体知识"的完美诠释。在体育教学过程中，身体活动不只是针对学生，教师也参与其中，其中教师做指导和示范也需要大量体力消耗。总而言之，在体育课教学中，教师和学生运用身体活动相当频繁，也就突显了体育教学中最为明显的特点。

（二）身心练习的统一性

在现代健康观念中，身体健康与心理健康毋庸置疑是人们最为关注的，同时它们也是健康中最为重要的两大方面。众所周知，这两者有着密不可分的关系，身体健康有助于人们调节心理达到健康标准，心理健康与否也能直接影响身体健康程度。身体发展是物质基础，心理健康是精神基础，二者相互协调发展，才能促进身心健康。

其他学科注重开发学生的智力，体育教学强调学生的身心共同发展。它重视学生内外兼修，在增强学生体质的基础上，对学生心理上的多种适应能力也有所强化，这也是其他学科所不能达到的。究其缘由，在于体育教学营造了多种不同的教学情境，使人在积极向上的情境中得到熏陶。体育教学实际上是身心统一锻炼的过程，以达到身心共同的发展。

体育教学除了对学生身心健康上有明显的作用、效果外，在思维、思想方面也有一定的积极作用，能促进身心协调发展。体育教学中学生身心练习的统一性主要有三个方面。

1. 体育教学内容方面

体育教学内容不管是在选择还是在编排上，都应符合学生的身心阶段特点，满足身心健康的需求，同时满足社会等其他方面的要求，让学生通过学习不仅获得身体上的发展，心理上也得到发展和完善。

2. 体育教学方法方面

体育教学方法需要在遵循学生身心发展规律的基础上，结合实际以及学生个体差异进行教学方法的设计，以达到满足不同学生的需求，促进学生身心共同发展。

3. 体育教学运动负荷安排方面

体育教学最重要的是体育实践，是学生以身体运动为主直接参与的活动，在教学过程中不仅仅有身体上的负荷，还有一定的心理上的负荷。负荷的量需要进行科学、合理的设计，不能超出学生的承受范围，避免学生承受不住而造成身体或心理上的伤害。同时，也不能为了避免对学生造成伤害而用过低的负荷，负荷过低容易引起学生的骄傲心理。恰到好处的负荷量才能对学生起到促进发展的作用，让学生在不断地克服困难的同时，锻炼身体素质，增强心理承受能力、意志力等。

（三）技能学习的重复性

现代体育教学为达到促进学生身心健康的目的，在整个体育教学过程中，主要以身体练习为主体，而技能学习是体育教学的重要组成部分，也是最难掌握的部分，所以，学生对于技能的掌握、学习也是一个不断重复学习的过程。

有研究表明，任何体育运动项目的运动技能形成都具有阶段性、规律性，运动技能的形成规律大致需要经历：练习分解动作—练习连贯动作—独立完成连贯动作—熟练完成连贯动作。因此，学生需要经过长时间的不断反复练习才能完全掌握运动技能。体育教师在此过程中不能为达到某种目标而操之过急，需要严格遵循循序渐进的原则，让学生逐步掌握各项运动技能，根据各项运动技能的特性，科学、合理安排练习的时间和每次练习内容。通过不断反复的练习，使学生达到掌握运动技能的目标。

（四）教学过程的直观性

体育教学过程具有直观性。主要体现在讲解、示范和教学组织管理三个方面，具体分析如下。

1. 教学内容讲解的直观性

简单地说就是通俗易懂地讲解知识要点，让学生能一听就明白教师要表达的具体内容。展开来讲，在体育教学过程中，要求体育教师在讲解基本要求上，语言生动有趣，结合一些肢体动作，充分调动学生对体育学习的积极性。尤其在难度较高技术动作时，当用语言难以解释清楚的时候，体育教师就要运用生动而形象的动作进行示范，达到提高课堂教学效率的目的。

2. 动作技能示范的直观性

体育教学过程的主要内容形式是身体练习，教师对动作的示范直接影响着学生对动作学习掌握程度，所以在教学过程中，教师的动作示范和实践演示是非常重要的。在示范时，需要教师运用直观且形象的方式来进行示范，不管是正确的动作示范还是错误动作示范，这些都能让学生直观感知动作的正确与否。在技能动作上更不能进行任何的变形处理和艺术加工，这不利于学生建立正确的运动技术的认知。当学生在正确认识动作技术后，再配合教师的讲解，让学生在身体和思维上达到统一，更为准确地掌握技能。

3. 教学组织与管理的直观性

在体育教学中，教师和学生的互动非常频繁，甚至贯穿于整个体育教学过程当中。相比于其他科目来说，教师和学生的交流、沟通更多，在教学活动中教师的一言一行对学生来说都是无形的教育。综上，教学组织与管理的直观性要求教师创造轻松、良好的学习氛围，拉近学生和教师的距离，促进教学过程更加科学合理。

（五）教学内容的情感性

通过长时间的发展和改革，现代体育教学内容不再局限于球类运动、田径运动等，还包含了体育舞蹈、瑜伽和许多户外拓展训练等，现代体育教学变得更为丰富有趣了，学生从中不仅能选择自己感兴趣的项目进行锻炼、学习，在情感上也是收获颇丰。现代体育教学中，不同体育教学内容给予学生的丰富情感体验主要体现在以下几个层面。

1. 体育运动中人体美、健康美和运动美的体验

人体美和运动美在体育运动中得到体现。其一，学生通过体育教育，掌握体育健身的方法、技巧，达到运动塑形，让身体的形态维持优美的线条以及良好比例。另一方面，通过不同的运动

展现出来的动作、肌肉动态美只有在运动中才能体现，且这种美极为外显，容易被发现。通过体育教学中对美的感受和培养，学生的审美能力也有了一定的促进、提升。

2. 体育运动中体育精神美的体验

在体育教学中，不同运动有不同的审美特点，通过不同体育运动项目的不断实践和积累，体育内涵也逐渐得到充实。而体育教学对学生感受、掌握体育精神美起到了重要推动作用。

3. 体育运动中丰富社会角色的情感体验

体育教学是一种社会活动，且富有创造性，创造性体现在让学生通过活动得到精神上的启示。在不同的体育项目中，学生在运动中担当的角色任务不一样，这样有利于学生培养自己的角色观察力，丰富角色情感态度，对于之后进入社会后适应不同的社会角色有着积极作用。

（六）教学环境的开放性

对于体育教学活动而言，环境具有开放性特征，具体表现在教学场地和教学情景两个方面。

首先，不同于其他文化课多在教室内进行，体育活动主要在室外进行（除非受到雨雪等恶劣天气的影响），体育教学仍以体育运动实践为主，多半在学校的操场开展，这使得体育教学的空间环境具有灵活性和开放性。其次，对于教学情境而言，体育教师可以根据学生的实际需要，运用多种教学情景和教学模式，与学生进行频繁互动。

由于体育教学环境的开放性和变化性，决定了体育教师在开展教学的过程中存在较多的不确定因素，这就要求体育教师进行周密的考量和判断。

1. 制约因素

操场式的教学活动受到很多因素的制约（如天气、体育器材、周边空间等），这就要求体育教师具体问题具体分析，精心设计体育教学计划和方法，切实做好体育教学的组织和管理工作。

2. 管理因素

体育教学的户外性决定了它是一个动态的过程，在开展体育活动的过程中，由于学生很多，这就需要采用"分组管理"的方式，需要班干部和体育骨干的协作。

3. 安全因素

不同的学生有着不同的运动兴趣和爱好，技能水平也参差不齐，这就需要配备各种各样的体育器材和设施满足学生的运动需要，但在这一过程中也存在安全隐患，需要体育教师格外地注意。

（七）教学条件的制约性

体育教学不管是在教学内容还是在教学环境开放上，涉及的要素都相当多，这也就决定了体育教学会受到更多主观、客观条件的限制，主要包括学生、教师、教学环境三个方面。

1. 学生方面

学生是学习的主体，在体育教学中关于学生的很多情况都会对体育教学本身造成一定的影响。比如：学生的运动基础情况、学生的体质健康情况等，这些都会影响体育教学的方方面面。想顺利完成体育教学并在教学效果上取得一定的成效，就需要在学生的个人因素上花心思，充分考虑各种因素之间的联动性，才能获得一定的教学成果。

2. 教师方面

教师在体育教学活动中处于主导地位，体育教师的教学能力、组织管理能力、反应能力等都对体育教学的走向起着举足轻重的作用，这也是体育教学的一种制约因素。

3. 教学环境方面

体育教学环境对体育教学来说起着非常重要的作用，体育环境的质量对体育教学的质量有着直接影响。比如环境、天气、周边设施与噪声、地形等，这些外部因素都对教学产生着较为重要的影响。从上，教学环境对体育教学有着制约作用。

摆脱这些对体育教学的制约因素，才能让体育教学顺利地开展，为此，需要体育教师在制定计划、方案时充分考虑这些客观和主观因素，结合实际来对体育教学进行科学设计和合理选择，达到顺利开展体育教学、实现教学目标和任务。

（八）人际关系的多边性

体育教学活动中和其他学科不一样的地方还体现在人际关系上，其他学科在教学中主要是教师讲授，学生思考学习为主，但在体育教学中师生处于一个频繁互动的状态中，人际交往在体育教学中也就占据着非常重要的席位。

1. 从教学组织形式来看

现代体育教学的组织形式灵活多变，不局限于一种或几种模式。在教学过程中会对学生的要求不断变化，要求其在不断的角色变化中建立起多种不同的联系。总的来说，在体育教学中，师生关系或是学生之间的关系都是复杂且不断变化的。

2. 从体育教学过程来看

体育教学过程中人际关系的复杂多变性，对于体育教师的业务能力提出了进一步的要求。需要教师在教学过程中运用多种方式、方法和学生进行交流，在沟通的过程中引导学生进行配合，在教学过程中，学生的社交能力、合作意识、处理应变能力等都在不同程度上得到了提高和培养，对日常生活也起到积极的作用。

第二节 体育教学的性质与功能

一、体育教学的性质

事物之间的最本质区别要看事物本身的性质，不同性质的事物表象会有一定的不同。体育教学的性质根本区别于其他学科主要在于体育自身的教学性质。

（一）体育教学的教学性质主要体现

（1）在体育教学中教学地点多为户外，但在现代体育教学中教学场所也多有在室内进行。

（2）体育教学中师生都要承受一定负荷，包括身体、心理负荷。

（3）体育教学过程中需要身体和思维相结合，伴随着频繁、复杂的人际交往关系。

（4）体育教学侧重于发展学生身体时空感觉以及运动智力。

（5）体育教学注重让学生会进行自主实践和体验。

（二）体育教学性质的"实操性"

需要特别注意的是，体育教学中还有一个非常重要的性质是"实操性"，它是一种对身体的技能要求。与其他学科进行对比可以明显看出，体育教学技能的实操练习，是最为突出的区别，同时这也是现代体育教学中最重要的教学形式。

体育教学与其他学科的主要区别还有运动技能的传授，学生需要经过几个阶段的教学才能全面掌握体育运动技能。展开来说，体育运动技能认知阶段，学生与体育运动技能之间联系最密切，这一阶段学生对所学的技能进行表象化认知，由此，体育运动技能不具备人的特性，而是一种"操作性知识"。

综上，体育性是体育教学的本质属性，体育教学是一种只针对体育运动知识、体育运动技术、技能的教学，学生将所学到的运动知识转化为运动技能，既体现了体育教学性质，又达到了体育教学目标。

二、体育教学的功能

体育学科除了具备基础的教学功能外，还具备自身的特殊功能，即将科学的身体锻炼方法和手段在教学中传授给学生，让学生在正确掌握运动技能的同时，能达到增强体质、坚持锻炼、不断学习的效果。不仅如此，体育教学在学生思想道德观念上都发挥着极大的积极作用。具体来看，体育教学主要有以下六个功能：

（一）健身功能

体育最基本的功能和目的是促进学生的身体发展，增强人民体质是体育运动发展的最根本属性。在长期的探索和改革中，体育教学在各方面逐渐完善和科学。

1. 促进学生身体发育

身体锻炼的效果是显性的，能直观地看到或者感受到。对于身体正在发育的学生来说，身体可塑性空间非常大，结合身心发展规律来进行有针对性的体育教学，以及经常进行体育锻炼，能促进学生的身体形态、身体发育、身体素质等健康发展。

2. 提高身体机能水平

体育对人体机能水平具有重要影响，有体育运动实践证明，长期的体育锻炼可以提高身体机能水平。同时体育运动对运动者的内在运动神经能起到一个改善的作用；增加骨骼血液循环，提高骨骼的结实粗壮度；提高肺活量，改善呼吸系统；加快新陈代谢能力，增强心脏功能等，让运动者身体的各个器官功能都得到不同程度的改善。在这些基础上，运动者的免疫力、适应力等都得到了提高。

3. 全面发展身体体能

体育运动对身体体能的作用是最为直观的。通常人们以运动动作实践为基础来发展身体体能，由此可见，体育锻炼对身体各项体能都有着重要影响。在体育锻炼中，学生通过对动作的反复练习达到身体各项能力的提升，全面促进体能发展。

（二）健心功能

体育能直接或者间接影响学生的心理发展。人体健康的标准不仅包括身体健康还包括心理健康，体育教学不仅在学生身体健康上有直接作用，在学生心理上的作用也不容小觑。体育教学促进心理健康的方式主要由教师传授知识，然后在技能上得以体现。

1. 愉悦心情，缓解压力

研究证实，体育运动可以促进人体分泌内啡肽，内啡肽可以让人感到心情舒畅和快乐，也为"运动让人快乐"提供了科学依据。由此，体育运动可以让学生放松身心，缓解平时学习和生活上的压力。

2. 调节心理，缓和心态

在体育运动过程中，学生进行不断、反复地探索和练习，同时也面临着试错中带来的失败挫折感和成功喜悦感，当然，在探索、实践过程中的失败挫折感要更多。由此可以培养学生面对困境和挫折的处理和应变能力，面对成功的正确心态。教学中最为核心的内容是传授学生社会道德、规范与理念，这也是学生在成长过程中必不可少的学习内容。

3. 磨炼意志，修养品德

体育运动技能的学习不是单一的技能学习，而是有多种技能需要进行学习、掌握，这对学生的意志品质起到了非常好的锻炼作用。不管是在体育教学活动还是体育比赛中都有一定的规则需要遵守，在此过程中对养成学生的遵纪守则习惯有一定的促进作用。这种规则意识不仅适用于体育活动中，同样还能延续到日常社会生活中。

4. 促进交际，完善人格

体育运动中对于人际交往方面有较大的积极作用，对学生正在完善学习的价值观、人生观和交友观都有积极影响。系统的体育教学在学生陶冶情操、塑造人格、团结配合、协调合作方面还有重要作用。在体育运动中，学生作为团队中的一员，需要把握个人利益与集体利益关系，也需要正确处理好突发事件，通过沟通和协调，能做到顾全大局，协调人际关系。

（三）知识传播

教育是对知识和技能进行传授，体育教师的主要责任在"传授知识"帮助学生"解惑"，由此，体育教学对体育知识的传播有着重要功能。

体育知识的传播主要通过教学过程中改造学生的身体来实现，从教学角度来看，可以将体育知识看成是"身体知识"。这种知识随着人类的发展而发展，并在每个时期都有与之相对的传承，例如从原始社会的捕猎、逃避追捕到现代社会体育知识的传承。但随着时间的推移和社会生产力的发展，现代社会的体育知识已经不仅仅是简单的动作，已经发展成了某个体育项目的基本知识原理、技术，通过体育理论知识的传授，使学生在掌握体育和健康知识的基础上，激发学生对体育学习的积极性、提高体育运动意识，以达到促进学生身心全面健康发展的目的。

（四）技能发展

通过对体育教学过程各方面进行科学、合理地设计可以实现体育技能的学习与提高。现代体育技能不同于原始的运动技能，也可以说原始的运动技能是生存技能，现代体育技能得到大力发展，已经精细化了，主要是针对一些体育项目的知识、技巧等。科学研究证明，适当的体育运动对人身体有益，体育教学也就成了这些运动技术传播的重要途径。

现下，在普通大学中，体育教学活动就是体育教师对学生进行相关体育知识和技能的传授。实践是学习运动技能的唯一途径，运动技能也是体育教学的主要内容。而运动技术的学习和其他学习的方式有所不同，它需要学生对运动原理和知识有深刻的领会和理解，再对技术进行反复练习，从而达到对技术动作的熟练掌握。通过持续的练习促进各项体育运动的提高与发展。

（五）文化传承

不管是体育知识还是体育技能都属于体育文化传承，体育教学的真正目的在于教会学生正确的体育运动方法，并对其未来生活和身心发展起到良好的作用，同时这也是一种体育文化的传承。我们所说的体育文化传承不只是对体育知识进行传授也不仅仅是简单的身体运动传承，而是通过教学内容的传授，向学生展现、传授体育教学内容的相关文化。体育文化传承不是一蹴而就的，是一个漫长而复杂的过程，这个过程不仅包括人的一生，还包含了整个人类社会的发展。真正实现体育教学传承体育文化的功能，需要从两方面努力。

1.从学生层面出发

结合学生的个人发展和学习过程来看，需要在学生各个不同的体育学习阶段，让学生学到较为完整且系统的运动知识、文化。具体应从两个方面着手。

（1）注意教学之间的连贯性。体育课内容的连贯性非常重要，将一个项目的技术动作拆分成几个小的运动技术学习，累加起来就能让学生比较完整地学到某种项目技术。在此基础上继续累积学习，就能达到各种运动技能的掌握。

（2）注重不同阶段体育教学的可持续发展。体育教学计划贯穿全年或一个学期的体育课程。根据不同的教学周期可以分为课程教学、周教学、学期教学以及学年教学，以及不同学龄阶段的体育教学，将其有机融合，让学生在整个过程中对体育文化有较为全面、系统地学习和掌握，让学生的整个人生过程都能得到体育知识和文化的充实。

2.从整个人类社会的发展出发

以人为本的教学理念已经深入人心，这对于体育教学来说不仅是赋予了它特殊性，还给体育教学知识传承带来的特殊的影响。展开来说，要求教师在教学过程中重视学生的主体地位，体育文化的传承需要依靠学生来完成，也正是通过体育文化的传承，竞技体育、奥林匹克文化和大众体育文化才得以发展，从而促进人类社会的发展。

（六）美育功能

体育美有多个方面，最主要也最直观的是健和力。不管是在静态还是在动态的运动中都有美的特质，都是人们对美的向往。体育运动不管是在运动过程中还是在运动结果对美的追求都不曾停止。在现代体育教学中，体育教学对学生的美育功能具体表现在以下几个方面。

（1）在体育教学中，通过组织学生积极进行体育实践活动，引导学生科学锻炼身体，达到身材和形体上的美。

（2）通过组织体育竞赛，学生参加公平而激烈的竞赛获得一定成绩，获得精神上的成就感。

（3）通过体育教学，学生的审美意识、能力在不同程度上都能有所提高。正确的人体和运动审美标准可以通过系统的体育教学得到培养，这不仅仅是说对运动者的身体、技能等方面的美进行赏析，还包括对于运动者内在的精神美进行欣赏，让学生感受并以此提高美学素养，加深体育美的认知水平。

第三节　体育教学的目标与原则

一、体育教学的目标

（一）体育教学目标概念

体育教学目标是依据体育教学目的而提出的预期成果。这个预期成果可分为阶段成果和最终成果，即阶段性目标和体育教学总目标。[①] 学校体育目标总的来说是正在进行的，还没有完成达到的，它是对学校体育学习结果的一个期望值，也是一个长远的大

---

① 毛振明.体育教学论 [M].北京：高等教育出版社，2011.

方向。一定程度上这个目标正是师生的共同努力的方向。

体育教学的目标反映了人们对学校体育价值的理解，体育目标对体育教学过程实现和最终效果的展现有着重要的影响。

（二）体育教学目标的层次

体育教学目标可以分为大小和长远几个部分，而我们所说的短期目标在体育教学中相当于一个"站点"。教学总目标则是体育教学的终极目标。体育教学由多个层次和目标构成，在制定不同层次教学目标时，教师需要充分考虑与之承接的层次教学目标、功能、特点，如表 1-1 所示。

表 1-1 各层次教学目标解析

目标层次	目标功能	目标搭载文件
超学段的体育教学目标	与其他学科相对比的体育学科的定位目标	国家教学文件、体育教学论著
各学段的体育教学目标	各学段相对比、相衔接的体育教学策略性目标	各学段教学文件、学校体育教学规划
各学年的体育教学目标	针对学生身心发展状况和需要的体育教学发展性目标	学校和体育教研组的教学计划
各学期体育教学目标	学年的体育教学目标的分割	体育教研组的教学计划
各单元体育教学目标	依托各运动项目学习、特性制定出的教学目标	主要是各个担任教师的教学进度
各学时的体育教学目标	根据单元计划的逻辑分割出来的目标	教师的教案

（三）体育教学目标的特性

1. 前瞻性

体育教学目标的前瞻性是指体育教学目标对整个阶段教学活

动都起着向导的作用，也能促进师生共同进步。

2. 曲折性

在实现体育教学目标的道路上一定是会有荆棘的，就像事物的发展道路上一定会有曲折，所以曲折性是体育教学目标的基本特点。有压力才能有动力，体育教学目标的曲折性对实现目标来说有一定的激励作用。体育教学目标是对未来的预测，所以在制定教学目标的时候，需要联系实际而制定。教学目标过高或过低都对学生的学习兴趣有影响，合理地设计教学目标才能通过实践达到预期效果。

3. 方向性

人们的价值取向决定了体育教学目标的定位，而价值取向具有明确的方向性，体育教学目标就是在为教师和学生指明方向。

4. 终结性

体育教学目标是对学生通过学习要达到的结果提出的要求，具有一定的终结性。这里说的终结性不代表终点，而是整个体育过程中的一个个纽扣，将所有阶段"扣"起来。所有的阶段目标都是在为总的教学目标奠定基础。

（四）体育教学目标的制定

1. 体育教学目标的制定依据

（1）体育目标与体育课程标准。学校体育目标为体育教学目标的制定提供了重要依据，也是国家和社会对学校体育教育的基本要求。以学校体育发展实际为立足点，教育部颁发了针对各级学校各年级的体育教学目标，从而形成了体育教学目标体系。

（2）全面发展的素质教育要求。现代体育教育要求发展学生的综合素质。在学生德育方面的培养上：无论是在任何运动项目中，始终需要遵循道德原则，努力实现目标。在学生智育方面的培养上：体育运动大部分项目对运动者的判断、思维和分析能力上有要求，在运动过程中对学生智力的开发能起到积极促进的作用。在学生美育方面的培养上：健康美、形体美的代名词源自体育，学生对美的赏析力、表现力、创造力在此过程中都能得到培养。也因此在制定教学目标时需要综合考虑，科学、合理的选择教学内容，促进学生的综合素质全面发展。①

（3）体育教学的本质特征与功能。制定体育教学目标时不能淡化体育教学的本质特征与功能，而应该凸显体育教学最本质的特征与功能，即增强体质、促进身心健康、发展体能。

（4）学生身心发展的特点与规律。体育教学针对学生，在设计学习目标时必须站在学生的立场，确保体育教学目标满足学生的身心发展。②学生的身心发展规律对于教学的各方面都有着重要的影响。人体成长有几个关键期，抓住关键期进行体育教育，影响深远且成效显著。大学体育教学作为其中一个关键期，是最有可能将体育长期延续下去、带到生活工作中的，这需要体育教师对教学计划设计进行合理、科学的规划，让学生充分掌握体育知识、技能、技术。

（5）学生的体育学习兴趣与需求。学生作为学习的主体，想要他们掌握体育的知识和技能，需要调动他们对体育运动的兴趣。要达到学生的兴趣点，需要根据学生的身心特点和个人需求，与体育运动的特性相结合，注重学生的体育运动兴趣和体育意识培养，让学生能由表及里地学习体育运动知识，获得体育运动的基本能力。

---

① 邹凌.素质教育的理论基础辨析[D].重庆：西南大学，2011.
② 张汉辉.体育教学目标问题的分析与探究[J].教育，2015（04）：35.

（6）体育教学的实际条件和可行性。教学条件对教学目标的实现有着重要的影响。从目前我国各学校的发展状况来看，各种因素导致不同地区的教学条件不同，因此，在制定教学目标时，必须要立足于实际情况，全面考虑体育教学中的各种客观和主观条件，确保制定的体育教学目标切实、可行。

2. 制定体育教学目标的要求

（1）层次性。体育教学各项目标的本身都有一个从低到高的层次，这种层次不仅存在于体育教学当中，在各领域的教学中都存在，这也是教学的一般规律。

（2）连续性。教学目标还具有多层次性，不同教学目标不是独立的，而是各目标之间相互联系的。通过各阶段、年级、单元、课时等目标的实现，最后汇成了总目标。因此，在制定体育教学目标时应该注意各个目标之间的连续性，达到由浅入深地完成每个阶段性教学目标。

（3）可操作性。无论是哪个科目的教学目标制定都不能流于表面，都需要具体的、可以实现的。体育教学目标更是如此，制定的目标可操作才能在教学过程中知道发展走向，加以及时引导或改正，也有利于对体育教学目标的完成度进行评估，在下次体育教学中进行完善。

3. 制定体育教学目标的程序

（1）了解教学对象。教学目标是为教学对象的发展服务的。所以在制定教学目标时需要对教学对象进行充分的了解，具体需要了解学生的现实情况和教学目标之间的差距，以此为据，分析学生的能力和条件能否达到目标要求。再通过以上了解、分析对教学目标进行适当的调整，以便学生能有效完成教学任务。

（2）分析教学内容。具体的体育教育目标的确立，离不开体育教学内容的支撑，体育教育内容的实现也离不开体育目标的制定。所以在制定大学体育教学目标前，需要认真对大学体育教育内容的特点、功能进行分析。

（3）编制教学目标。在"单元"或"课"的教学阶级中按照课程的难易水平目标进行分别陈述。

二、体育教学的原则

（一）全面发展原则

全面发展作为体育教学的基本要求和基本原则之一，在我国已经得到重视。现代体育教学应该在学生完成运动参与的基础上，促进学生的身心健康，并且使其社会适应能力也得到提升。总的来说，就是体育教学应该促进学生全面协调发展。

在具体体育教学实践中，贯彻体育教学全面发展原则需要做到以下四点。

第一，体育教师应该认真对照体育教学大纲或者课程标准，对自身的业务能力进行完善，贯彻执行教学大纲或者课程标准的目标和要求。

第二，体育教师需要与时俱进，及时更新教学观念，树立现代体育教学价值观念。运用现代体育价值观去看待和评价现代体育教学质量。现代体育教学的价值多样化，不再是单纯的生物价值，还包含教育学、心理学、美学等价值。

第三，体育教师在制定教学工作计划和撰写教案时，应该充分考虑在课堂中学生身体练习时长问题，并注意在教学中学生心理发展趋势。

第四，体育教学各阶段的学习或者各过程的评价中，体育教学各方面都应为促进学生全面发展而服务。

（二）循序渐进原则

任何教学成果欲速则不达，体育教学更是如此。循序渐进是教学的基本原则最早由夸美纽斯在《大教学论》中提出。[①] 体育教学过程必须遵循循序渐进原则，只有循序渐进地学习体育知识、技能，学生才能牢固掌握所学。体育实践作为体育教学的重点，更应该科学遵循循序渐进原则，具体应该做到以下两点。

1.制定好教学文件、安排好教学内容

教学工作能够开展的前提条件是教学计划和教学内容都安排妥当。由此，教学计划的制定对于教学工作能否顺利开展占据主导地位，所以，在开展教学工作前需要制定好科学、系统的教学计划。展开来说，教师在进行教学内容和教学方式、方法的选择时，都需要前后结合，注意前面的教学和后面要开展的教学是否能够对得上，简而言之，就是前后衔接，学生能由简到繁、由易到难逐步学习，达到扎实地掌握知识、技术、技能，为后续项目学习夯实基础。

2.有序提高运动负荷

身体练习是体育教学的重心所在，身体发展规律决定了人体对运动量的负荷需要经历一定的过程。也因此，想要提高运动量的负荷需要采取波浪式、有节奏的方式来达到目标，以此来调节机体的适应能力。有效提高生理负荷，需要合理利用能量恢复过程，有序地安排课程。

（三）巩固提高原则

我们学到的知识在一段时间后不复习的情况下就会渐渐遗忘。

---

① 蒋新国.体育教学原则新论［M］.广州：暨南大学出版社，2010.

巴甫洛夫对狗摇铃进食进行实验，提出了记忆痕迹衰退说，即遗忘是由于记忆痕迹得不到强化而逐渐衰退，以致最后消退的结果。在一定程度上反映了遗忘规律和条件反射建立与消退的理论。同理在体育教学中，学生的知识、技能如果不经常复习、练习就会被遗忘或消退，所以，学生需要对所学知识、技能、技术进行反复练习，以帮助体能、技能和运动能力发展。

1. 重视良好体育教学方法和训练方法的选择

体育教师需要利用互动或其他方式保证师生间信息的有效、及时传递。信息有效性原则表明，信息传递得越及时，损耗越小；信息准确度越高，教学效果越好。巩固方式应该多样化，不能只进行机械、单一专业训练式的练习。

2. 合理安排训练计划

学生知识、技能、技术的巩固和提高离不开科学、合理的训练计划，让学生在计划的指导下反复强化练习，不断巩固运动条件反射，在此过程中也需避免出现过度劳累产生机体损伤的情况，以此获得进一步的巩固、提升。

3. 重视增加运动密度和动作重复

增加运动密度和动作重复是巩固、复习的重要途径，但需要注意需要保障运动负荷合理且科学。通过增加运动密度和动作重复，不断巩固学生运动条件反射，提高身体素质的同时，他们的技术水平和体育能力也有所提升。

4. 给学生布置适量课外体育作业

体育的巩固提升靠学校每周几次的体育课来实现是不可能的，巩固、提升练习是一个长期的过程，需要体育教师给学生布置适量课外体育作业或家庭作业，课内外结合，才能达到巩固提高的目的。

5. 不断提出新的学习目标

学生通过课堂学习完成、达到教学目标，为进一步巩固提高进行练习，需要体育教师不断提出新的学习目标，达到让学生反复练习，对已学知识、技能进行巩固的目的。

（四）科学负荷原则

身体练习是体育教学的重点，进行身体练习就会有一定的运动负荷，运动负荷是否合适对体育教学效果影响深远，所以体育教师需要做到科学控制运动负荷，具体来说需要做到以下几个方面。

1. 运动负荷的安排要服从体育教学目标

体育教学的出发点是培养学生身心健康全面发展，不是为了达到专业程度而训练，竞技体育中训练方式、方法不适应于普通学生的体育教学。

2. 运动负荷的安排要适应学生的身体需求

不同个体之间在各方面都存在差异，所以体育教师在对运动负荷进行安排和设计前，需要对不同性别、不同生长发育阶段的学生生理情况进行了解，运动负荷安排需要在无伤害性的同时，能起到促进身体发展的作用。

3. 运动负荷的安排要充分考虑学生之间共性与个性关系

体育教师在考虑学生同阶段整体情况的同时还需要考虑学生个体的特殊性，例如，对伤病学生的运动负荷安排应该控制的范围，根据情况来决定。

4. 重视合理休息

运动负荷的安排并不是一定要连续长时间练习的，合理、科学地安排休息时间和休息方式，更有利于机体调整，同时也能更顺利地达到体育教学效果。

（五）因材施教原则

体育教学主体是学生，所以教学活动也应该围绕学生来合理开展，不仅要考虑学生之间的整体性，还需要考虑学生的特性。整体性是指不同年龄阶段身体发育规律具有普遍性；特性是学生的各方面受先天和环境影响存在差异性。学生的体育运动能力差异更为突出，其中有先天体质差异和后期生活环境影响形成。所以，体育教师需要对不同学生和同一学生不同学习阶段的差异，进行因材施教。在教学中贯彻执行因材施教原则，需要教师做到以下几点。

1. 深入细致地研究和了解学生之间的差异

深入细致地研究和了解学生之间的差异，仅靠课堂时间是不可能全面掌握了解清楚的。教师可以在课程开始前对学生进行一些小测验或者深入交流，摸清楚学生的个体条件，以及兴趣爱好点等，综合一个班级或一个整体的学生之间的差异情况，对教学进行精心设计。主要是要把学生的运动能力和对体育的兴趣爱好结合起来，不能单独分开来看，以免造成误判的情况，消耗学生的体育学习积极性，要用长远发展的目光来看待学生的发展。

2. 引导学生正确对待与同伴之间的差异

学生之间差异的存在对体育教师来说既是一个难题同时也是一个机会。教师可以充分、合理利用差异的存在，教育、鼓励学生之间互帮互助和培养团结协作意识、集体精神等。教师要在体育教学中贯彻因材施教原则，需要立足于学生的差异所在，引导学生正确看待差异问题。值得注意的是，差异是客观存在的，教师不能过分偏爱较好的学生，若偏爱较好的学生容易引起其他学生的不满情绪或者自卑心理，受到偏爱的学生也容易产生骄傲自满心理，歧视其他学生。由此，教师在引导学生正确对待与同伴之间的差异时，也需要做到言传身教，对所有学生公平看待。

3.针对不同学生选择相应的教学方法

体育教学中有的项目是不能"等质分组"的，面对这种情况，教师需要运用其他方法来对待学生间的个体差异，安排其他教学方法可以让对某些项目没有特长的学生参与进来，并调动体育学习积极性，保障体育教学过程中不落一人，让每个学生都积极参与进来，感受体育魅力，同时有所收获。①

4.重视个体差异性与统一要求的有机结合

经过许多专家和学者的研究，明确地指出了每一个阶段的学生都有应该达到的教学目标，不能因为某个学生的特殊性而对他不做要求。教师不仅需要在教学中注意学生的个体差异性，还需要明确的是教学是立足于整个班级的教学，对学生的要求要达到统一，以此来达到教学目标。学生的个体差异性应该立足于整体教学目标，寻求不同的更进一步的发展。

（六）专项教学原则

体育教学内容多样而丰富，不同内容有不同要求，所以，教师应结合教学内容规律和特点，突出教学项目的专项性。

1.突出运动项目的不同

体育项目之间也存在的差异性，体育教师需要通过科学的讲解，突出运动项目的不同点，让学生能区分所学项目或内容与其他项目之间的不同之处。

---

① 曲红军，论体育教学方法的分类与选择——优化的视角 [D].济南：山东师范大学，2003.

2. 重视学生专门性知觉的优先发展

体育运动通常在具体的运动环境中开展，在运动中，学生通过对环境和体育器材的感知，是专门性知觉发展的过程。因此，教师需要重视学生专门性知觉的优先发展。

3. 要符合素质教育要求

体育教师对教学方法和活动设计要符合专项运动对学生的素质教育要求。

（七）终身体育原则

体育教学的最终目的是体育能跟随人的一生。所以，在体育教学中需要遵循终身体育原则。

1. 培养学生的终身体育意识

终身体育意识的养成需要长期培养。在教学中教师要挖掘学生的兴趣爱好和特长，加以合理、科学的培养和引导，树立其终身体育意识、养成锻炼习惯。

2. 重视教学任务与学生长期发展的统一

体育教师不仅要重视短期效益，还要考虑体育对学生的长远影响。不能急于求成，为达到短期任务或目标就盲目增加学生的运动负荷，这样不仅影响学生身心健康，还不利于体育终身发展。教学要和体育教育总体目标的要求保持一致。

（八）活动安全原则

体育运动美建立在冒险之中，存在着或多或少的安全隐患，这也是体育学科区别于其他学科的本质属性，以及体育的魅力所在。与此同时，我们也应该看到其中的风险性，虽然这种安全隐患不能完全避免，但应该尽力去降低和避免，具体应做到以下两个方面。

（1）加强安全意识教育。

（2）对各种隐患考虑周密并制定相应预案。

第四节　体育教学过程中的主体

一、大学生身心发展特点

（一）大学生身体发展特点

1. 身体形态特征

大学生的年龄一般在 18—25 岁之间，这个阶段的人体器官组织已经趋于完整，身体素质各方面也处于较高的水平。但由于性别差异，男女之间的身体形态等方面都存在着较大的差异。

2. 身体机能特征

身体机能的发展包括神经系统、骨骼肌肉系统、呼吸系统及心血管系统的发育等。

（1）神经系统发育特征。通过长时间的学习和培养，大学生的抽象思维能力、分析综合已经非常完善，大脑结构和水平也已经达到成人水平。

（2）骨骼肌肉系统发育特征。青春期过后，大学生骨组织内无机盐增多，水分和有机物减少，骨密质增多，骨骼变得粗硬；肌肉长度和横断面积增加，肌力增强，对力量性和耐力性练习素质也有所增强。

（3）心肺发育特征。大学生的肺活量、肺容积已经得到完善和增强，呼吸肌增强，呼吸频率减慢加深，呼吸调节能力增强。伴随年龄的增长身体在心脏功能上也有所增强，心收缩力增强，心率减慢，基本达到成人水平。

3. 身体体能特征

大学生身体体能发展、身体形态、机能发展较为一致，且都表现出明显的波浪形和阶段性特点，身体各项机能发展趋于稳定，身体体能达到高峰。需要注意的是，大学生的身体体能发展在性别上和不同个体之间都存在差异。

（二）大学生心理发展特点

大学生的思维能力逐渐完善，思维独立性愈发明显。对于学习，较为重视学习效果、教师评价和社会之间的联系，并会结合自身发展，对学习兴趣选择方面开始进行有目的性的选择，同时也更具备长期稳定性，自主学习能力逐步得到发展。在道德情感方面水平较高，意志品质和判断力得到迅速发展，自控能力增强，但仍具有草率性和冲动性。

二、大学生全面发展的体育教学要求

（一）大学生身体健康发展的体育教学要求

在普通大学体育教学中促进学生身体健康发展，需要在结合大学生身体发展的规律和特点的基础上，做到以下要求。

（1）在教学前，需要考虑不同年龄阶段学生的身体发展规律和特点，对教学各方面进行合理、科学地安排，然后再实施教学活动。

（2）在教学过程中，需要利用大学生不同阶段的特点以及身体发展关键期，采取有效措施和手段，提高其身体素质，使体育教学达到最佳效果。

（3）在安排体育活动内容时，需要根据大学生不同阶段的特点以及身体发展规律，安排适量的运动负荷。在安排高强度的运动负荷时，需要特别注意预防损伤和发生后的处理预案。

（二）大学生心理健康发展的体育教学要求

大学生心理健康发展，需要体育教师科学把控教学过程，引导学生丰富情感体验，做到如下要求。

（1）在体育活动中建立良好氛围和师生友好关系，提高大学生的体育学习积极性，激励大学参加体育锻炼。

（2）在教学过程中，在注意大学生差异性问题上，需要特别注意个体差异性，尊重并鼓励学生利用差异，发挥自身优势，形成自己的风格。

（3）体育教师需要将大学生心理发展结合体育活动，对大学生进行有目的的心理培养，以促进大学生心理健康发展。

（三）大学生社会能力发展的体育教学要求

（1）在合适的体育活动项目中，积极引导大学生体验或观察不同社会角色，丰富不同角色体验情感和知识。

（2）组织、开展竞赛形式的体育活动，让每个大学生在激烈的竞赛中培养竞争意识和协作意识。

（3）科学设计、合理安排运动负荷，磨炼大学生的意志品质，提高社会适应能力。

（4）重视遵守运动规则，营造民主运动氛围，发展大学生的社会民主意识和规则意识。

第二章　现代体育教学管理理论基础

现代体育教学管理工作，是检验教学质量水平的"考核师"，良好的现代体育教学管理工作为实现学校体育教学的大纲要求提供了支撑，同时深刻影响着学生对体育教学活动的参与度和热情度。现代体育教学管理的理论知识能够为现代体育教学管理工作的有序开展提供智力保障，有助于体育教学工作的深入开展，实现现代体育教学的终极目标。这就要求我们在把握现代体育教学的理论的基础上，深刻地理解教学管理的内容、机制、原则、组织机构等要素，分析这些要素之间的联系。

第一节　现代体育教学管理的内容与机制

一、现代体育教学管理的内容

（一）体育教学过程的管理

现代体育教学管理的目的在于更好地发挥体育教学的课程效益，开展体育教学工作。制定科学合理的现代体育教学管理方案和计划，其内容包含以下几个方面。

1.体育教学计划的管理

体育教学计划在现代体育教学管理中起着重要的指导作用，

是体育老师根据学校的体育教学大纲和学生的实际状况和现实需要制定的系统化的教学方针，包括了学年教学计划、学期教学计划等。

现代体育教学管理计划为教师开展具体的体育教学活动提供了指导，包括了制定体育教学方针、方针的落实和实施以及综合考评等方面。

2.体育课堂教学的管理

一般来说，课堂教学是开展体育教学活动工作最主要的形式之一，学生的体育知识和技巧的传授都是通过教师的课堂讲授获得。体育课程管理是现代体育教学管理的关键环节，内容如下。

（1）确定编班方式和班额分配

现代体育教学活动中，班级为单位是最常见的组织形式，几乎所有的体育教学活动都是以班级为单位进行的，此外就是小组分队的形式。合理排班和班额分配方式对现代体育教学管理起决定性的作用，教师应结合学校的体育设施条件、校内的师资力量以及学生学习能力等方面，合理确定班额。

（2）编制教学课表

科学合理的课表是教学质量和教学效果的保障。对于现代体育教学的课程安排，教师需要合理分配每节课的时长以及设计课程与课程之间的时间间隔，给予学生较为充足的休息时间，以免其过于疲劳而耽误接下来的课堂学习，影响学习效率。同时明确场地和运动器材的分配，根据实际情况安排满足班级进度需要的教学计划，开展体育活动。

（3）制定课堂纪律

"无规矩不成方圆"，强调课堂的纪律性在开展教学工作中尤为重要，对师生的"教"与"学"都有一定的约束效力，教师和班干部需要维护课堂秩序，营造一个良好的课堂氛围。课堂纪律不能过于呆板，要讲究"人性化"，这有助于学生的身心健康发展，树立规则意识，培养良好的道德观念。

（4）体育课成绩的管理

现代全面发展的教育观要求不能忽视体育成绩的管理，教师需要制定科学、公平、公正的考核标准，在一视同仁的基础上进行差异化考量（平时体育活动中学生的学习态度、伤病学生的情况等）。客观公正的考核体系不会让学生感受不公正的对待，一定程度上也能在学生之间形成无形的竞争氛围，有利于学生更努力地进行练习和学习。考核的内容不仅要包括对体育知识的掌握程度，还需要考核学生的实际运动技巧，同时，将学生的成绩予以记录，做好计算和汇报工作，促进现代体育教学的良性开展。

3.意外伤害事故管理

在现代体育教学活动过程中，学生受伤情况在所难免，但需要将伤害降到最低，绝不允许在体育活动中出现大规模的伤亡或者学生严重受伤现象，这就要求我们做好意外伤害事故管理工作。需要管理者和教师、学生树立"预防为主，安全第一"的安全意识，采取各种手段以减少事故的发生，一旦发生意外事故，必须立即进行现场处理和管理工作。

在现代体育教学活动中，预防意外事故的措施多种多样，针对不同的情况必须采取有效的措施，避免更大的事故发生，像对危险类器材进行定期检查，及时修缮和更换；开展定期、定时的巡逻工作，对容易发生危险的体育活动及时制止；完善医疗设备，要求学校具备最基本的紧急处理伤口的药物和设施；建立各种安全规章制度，严格落实以规范学生的体育活动。此外，对竞技类的运动赛事，严格检查流程，确保所有环节都是安全的、有保障措施的。

一旦出现意外事故，教师需要立刻做出反应，在最短时间内对受伤学生采取措施，同时及时抚慰其他学生的情绪以及及时平复家长的情绪，以免出现恐慌，甚至谣言的传播，确保学校的教学活动有序正常进行。

4.体育教学质量管理

现代体育教学质量管理，要求对教师的"教"活动和学生的"学"活动进行综合评估，对教学质量进行价值分析，为此需要设定一定的考核标准和质量评定等级。

客观公正的体育教学评价帮助现代体育教学者全面了解体育教学开展的质量水平和开展状况，对管理工作中的不足之处制定针对性解决措施，以提高体育教学质量，确保现代体育教学管理工作的顺利展开。

（二）体育教学骨干管理

1.对体育管理人员的管理

在对现代体育教学管理人员的管理中，要求建立一套系统的选任制度和管理机制，注重对学校体育教学管理人员的选拔和任用，同时对他们进行定期的考核工作，对优秀的加以鼓励褒奖，不足的则加以鞭策。对现代体育教学管理人员的管理内容如下。

（1）建立岗位责任制

明确体育教学管理人员的职责和分工，界定各管理工作的具体界限，避免出现"不能管、不想管、无法管"的局面。将责任的划分明确到每一位管理人员当中，能有效地促进体育教学管理工作的开展，也是做好管理工作的一大保障。

（2）完善奖惩制

对工作表现优异的管理人员进行褒奖表扬，对不尽如人意的管理人员进行鞭策，做好管理人员当前季度的汇总工作，有利于调动管理人员的工作积极性，提高管理人员的整体素质。

（3）完善考核制

建立健全客观公正的考核体系，培养管理人员的责任意识和服务意识，定期考核有助于及时发现管理人员的不足之处，端正学校的体育管理人员在工作中的态度和表现。

2. 对体育教师的管理

管理体育教师是现代体育教学管理中的一个重要环节，教师在开展体育活动的过程中充当引导者和秩序维护者。管理的内容包括：对体育教师的选拔与任用，教师的培训和考核，教师的业务能力和水平的考察。此外，还应对教师的学历、年龄等方面提出一定的要求。

3. 对学生干部的管理

在开展体育教学管理活动中，离不开学生干部的协助，他们是管理中的"后援兵"，推动体育活动开展的规范化、有序化，以便更好地达成现代体育教学管理总目标。对于学生干部的管理可以细分为选拔环节、培养环节和使用环节，具体如下。

（1）选拔环节

通过师生推荐、投票选举、直接指定等选拔方式为学校选出合适的人选来促进体育管理活动的开展，同时，对体育干部实行任期制、轮换制，以便让更多的学生参与到管理活动中来，调动学生参与体育活动的积极性，提高学生干部使用的连续性和灵活性。

选用擅长与教师、同学打交道，体育成绩表现优异，有一定的领导组织能力的同学作为体育学生干部，这样更具有亲和力和说服力，同学之间也不会有异议，保障管理活动的有序开展。

（2）培养环节

采取分级管理方式，对热衷于体育活动的学生干部进行分级培养，即校级学生体育干部由校体委管理培养，班级体育骨干由体育教研部进行管理培养。同时明确培养目标，提高学生体育干部的能力水平。

（3）使用环节

学校的体育管理机构应当给予学生体育干部更多的实践环节，给予他们组织体育赛事的机会，让他们在实践中成长，在实践中实现全面发展。

（三）现代体育教学课程管理

现代体育教学管理分为国家、地区、学校三级管理体制，分级管理制使得全国范围内的体育教学管理工作联系起来，相互配合，在国家教育方针的指导下更好地开展体育活动。

1.国家对体育课程的管理

国家对体育课程的管理是指导性的管理，从整体上把握体育管理工作的开展。教育部对体育基础性课程进行指导规划，界定课程内容标准，辅之以针对性的课程管理政策，从总体上提出了要求。①

2.地方对体育课程的管理

地方教育部门在不违背教育部对体育教学的大纲的前提下，根据当地的经济发展现状和水平、教育文化水平等实际情况制定地方体育教学课程和对应的课程管理政策。

---

① 张劲松，张树巍.高校体育管理理论与实践 [M].沈阳：东北大学出版社，2016.

3.学校对体育课程的管理

学校在不违背教育部和当地教育行政部门对体育的大政方针的基础上，结合学校的师资力量、物质基础和学生的实际状况等因素，制定阶段性的体育教学计划和目标，选编出适合自身学校发展的体育课程，根据不同年级段采取不同时长和不同训练内容的体育教学活动，以更好地推动现代体育教学管理的顺利开展，实现体育教学总目标。

（四）课后体育管理

课后活动丰富了学生的文化活动，满足了学生的精神文化需求。课后的体育管理也是现代体育教学管理的一个重要环节。随着学生的独立自主性意识和对精神文化需求的日益增多，他们愿意在课后进行一些体育活动，高校齐全的体育设施为学生开展体育活动创造了先决条件，校园的体育运动氛围相对浓厚，这就使得体育教学管理人员会考虑在课后安排更多的体育活动训练和开展更多的体育赛事项目，丰富学生的体育生活。

课后的体育活动不再局限于体育教学大纲的要求，使学生自发的、有目的的从事更丰富的体育活动项目，但随之而来的不安全因素也会增加，这就要求体育部门的管理人员高度重视，在组织开展体育项目的同时，强调安全意识。此外，学校体育教学的管理人员需要为学生提供场地和器材支持，完善课后体育活动学校规章制度。课余体育活动有运动会等形式。

（五）现代体育教学对学生体质和健康的管理

体育教学活动开展的目的在于增强学生的体质，让学生拥有一个健康的体格，这对体育教学的管理者提出了以下要求。

1.建立和完善组织机构

各学校部门需要根据教育部和当地教育行政部门的要求，建立健全关于学生体质和健康的组织机构，对学生的健康状况进行定期测评、分析。这是开展体育活动工作的前提条件，体育活动必须考虑学生的身体素质能力，同时进行对比观察体育活动开展前和开展后学生的身体指标情况。

2.建立健全管理制度

为了更好地对学生的健康状况进行管理，需要完善相应的管理制度，同时为伤残、体弱的学生制定差异化的体育活动管理制度。在开展体育教学活动中，应当严格遵守各项管理制度，为学生建立健康档案系统。

3.加强对学生的健康教育

体育教师在强调学生的健康教育方面发挥重要作用，需要大力普及体育健康知识，包括卫生与生活习惯教育等，借助多种形式的宣传形式吸引学生的注意力，在学生心中树立体育健康的重要性。

4.开展检查评估

体育教师需要定期开展有关学生体质与健康指标的调查，在此基础上进行分析、评估，根据学生的实际身体素质等因素开展针对性的体育健康教育活动，采取积极可行的举措，致力于改善学生体质，促进学生的身心健康，从而实现全面发展。

（六）现代体育教学对财务的管理

1.对体育经费的管理

资金是开展体育活动的物质保障，没有雄厚的资金支持，体育活动的开展就举步维艰。在现代体育教学管理过程中，学校的体育管理机构应当统一分配经费，对体育经费进行预估分析，合理安排支出情况，制定预算计划，学校应进行科学监督，避免经费被私人挪用的现象。同时，体育管理部门要加强对经费的核算情况，节约开支，提高管理水平。

2. 对场地器材的管理

场地器材作为另一种"资金"，也给学校开展体育课外活动带来了物质条件和实际的可能性。至于场馆器械的管理，必须合理计划、保管，定时做好检查维护工作，确保体育活动的安全、顺利进行。

（1）场地设施管理

应当提出针对性的管理方针对场地进行合理使用和保管修缮，建立场地使用规范制度，配备管理人员进行巡逻、管理；同时，对于场地定期进行打扫清理，做好保养工作。

（2）器材设备管理

体育器材是学生进行体育活动的基础设备，在学生借用时，教师和学生体育干部要做好等登记工作，避免丢失，同时做好保养和补齐工作。

二、现代体育教学管理机制

（一）现代体育教学管理机制的含义

在理解现代体育教学管理机制之前，需要先理解"机制"的蕴意。"机制"一词源于古希腊文，后来被广泛应用于生物学和医学，随着社会的进步和学科的发展，又与管理学相结合，成为"管理机制"。

"管理机制"指的是在管理系统内部，在各组成要素之间相互影响、相互交互、相互调节基础上，建立起特定的组织机构和相应的组织制度，这是实现有效管理的基础和保障。在组织要素内部之中，应当根据相关的关系人的实际需要，通过纽带联系分配到各个系统部门，从而建立一个系统完备的组织机构。同时，根据实际情况建立起相应的行为规范制度，以调动组织内部的积极性，发挥各要素的最大价值。

结合现代体育教学的本质，现代体育教学管理机制指的是为了确保现代体育教学管理工作的顺利开展，建立的与体育教学相关的组织机构和组织制度，这样要素之间相互调节、相互影响，制定的一套系统的体育行为规范，以实现现代体育教学管理的总目标。

（二）现代体育教学管理机制的构成

现代体育教学管理体系已趋于成熟，能够对体育教学活动的开展起着积极效果，提升着学校的体育教学质量。

从广义的角度看，现代体育教学管理系统指的是学校和地区开展体育活动过程中，包含的构成要素，这些要素之间相互作用、相互联系，推动着体育教学管理制度的完善。

从狭义的角度看，现代体育教学管理指的是学校内部在开展体育活动过程中，包含的构成要素。不同年级、学校的不同发展阶段，甚至不同类型的学校体育教学的管理体系也大为不同，在机构设置和管理手段方面都有很大的差异性。但殊途同归，本质上仍然是学生、教师和管理人员三大共同主体。

在开展体育教学活动的过程中，要想建立一个系统化、综合性的体育教学管理机制需要各主体之间相互配合、相互协作，在考虑各方实际需要的前提下，兼顾各主体之间的利益关系。结合学校的体育教学计划和目标，在教师和学生的积极参与下，建立科学合理的体育教学管理体系，以更好地开展体育活动，丰富学生的精神文化生活。

由此可见，仅仅局限于狭义的现代体育教学管理体系是片面化的，随着社会经济文化的不断发展，体育教育渗透到社会的各个层面，社会对体育健康意识愈发重视，两者关系更为密切，可以说，没有社会大环境，就没有体育教学。因此，学校的体育教育从本质上将仍然是为社会服务的，需要投入到社会需求当中来，培养的人才都是未来市场的中坚力量，这就要求学校的体育教学管理要有前瞻性，能够精准把握未来社会的市场需求，培养满足社会需要的现代化人才，更好地实现现代体育教学管理的总目标。

（三）现代体育教学管理激励机制的建立

建立现代体育教学管理管理体系是现代化教育的重要组成部分，能够更好地规范体育教学机构组织和安排日常的管理工作，让更多的体育教学的管理人员参与进来，以激发管理者的热情和积极性。

1. 建立激励机制的依据

激励作为现代化教育一种常用手段，能够激发学生的学习主动性和营造一种良好的竞争氛围，培养更多的优秀人才。现代体育教学管理也不例外，激励在体育教学管理同样有着重要的促进作用，这关乎教师、学生和管理者三者的切身利益。

在现代体育教学管理中，激励指的是采取各种方式，奖金、评优、表扬等，充分调动体育教学管理各主体的积极性和参与感，从而不断提高现代体育教学管理水平，推动体育教学的可持续发展。

对于现代体育教学管理活动,激励不仅仅针对的是学生主体,还包括了体育教学的管理人员和教师,三者都充当着激励措施的主客体。

2.激励机制的方式

现代体育教学管理体系中有各种各样的激励手段,其中,最主要的激励方式如下。

(1)物质激励

常见的物质奖励有奖金、礼品,以及管理者和教师职务、工资的提升。教师职称关系着老师的教育生涯的方向发展,深刻地影响到老师的未来待遇与发展前景。这就需要学院形成客观公平的考评制度,对老师职称的考评必须是全方位的,涉及教育能力与老师的品德,考评流程要公平透明,考评结论应当实行公布,对考评结论不服的老师可在规定的时候提出异议申请。

(2)精神激励

精神激励注重的是对主体所从事的工作和活动进行表彰和授予荣誉称号,给予精神鼓励,对其行为给予充分的肯定和指出,满足教师、学生等主体的自豪感。表彰的对象既可以是有突出贡献的个体,也可以是集体。

这种激励方式成本较低,但起到的激励效果同样显著,在满足取得优异成绩人员的同时,为其他个体树立了榜样,营造了良好的学习氛围,在一定程度上比物质奖励更为可贵。

3.激励的注意事项

现代体育教学管理中,奖励并不是目的,而是为了发挥榜样的引领带头作用,想要达到最佳激励效果,需要注意以下事项。

(1)激励机制要求公开透明

激励机制不能是少数人的权利,而应当是多数人共有的权利,只要满足激励条件，不论其身份地位，都应给予褒奖。公平公正是我国社会一直强调的考核要求和底线，激励如果没有公平可言，榜样效果就无从谈起，甚至起到反效果，使得个体或群体对组织机构产生极大的不信任，消极对待工作，给学校的体育教育造成严重打击。

良好的激励制度要求公开化透明化，广泛征求教职工和学生意见建议，受到社会大众的共同监督，从而发挥榜样的带头作用，营造良好的竞争氛围，推动学校体育教学的顺利开展。

（2）激励手段结合使用

在现代体育教学管理中，激励机制要求"以人为本"，体现人本理念，丰富多样的激励手段结合使用，物质激励和精神激励共同进行，更能满足不同群体的社会需要，使得被激励者受到尊重和鼓舞。

鼓励方法必须具有针对性和实用性，对于在现代学校体育课程管理系统中教师对学员的鼓励，必须采用"精神激励为主、物质激励为辅"的鼓励方法。

（3）激励与日常考核结合使用

对教师的激励不能单凭某一次的考核或者评估，必须结合教师的日常工作和教学态度，与日常行为充分结合起来，这样不仅能起到激励效果，而且对教师的日常行为也有一定的规范和制约作用。教师想要被嘉奖，就必须在日常教学中也要兢兢业业，一丝不苟，充分发挥教师的内在潜能。

良好的激励措施对现代体育教学管理的工作有显著的促进作用。首先，调动教师的教学热情和教学积极性，更主动地进行优质教学；其次，对学生进行鼓励褒奖能使其以此为推动力，不断激励自己不断前行，努力学习；最后，对体育机构的管理人员同样能提升他们的管理水平。

（四）现代体育教学管理保障机制的建立

1.保障机制建立的必要性

保障机制是学校体育教学活动顺利开展的保证和内在要求。对于保障机制的建立具体要求如下。

（1）体育设备的升级

随着社会经济的发展，现代体育运动技术也取得了很大的进展，在现代运动教育中新型建筑材料和高新仪器得以普遍使用，所以，学校对已有的现代体育设施进行更换、配备，是很有必要的。

（2）体育教育地区发展不平衡

由于我国各地经济发展水平存在较大的差异，各地区对体育教学的资金投入也不一样，目前的体育经费难以满足现代体育教学活动开展的需要，这是影响我国体育教育事业发展的"大课题"。

（3）资金分配

现在学校的教育仍然以主要科目（中考、高考科目）为重点，对体育教育资金的投入有限，资金分配侧重于其他重点科目。这也难以真正满足学校的体育教学活动的需要。

2.保障机制的具体内容

（1）国家社会层面

国家需要建立健全教育资金分配体系中，加大对体育教育的资金投入，立足于社会层面，借助立法、行政等手段为确保现代体育教学管理的顺利开展提供法律保障。

（2）学校层面

学校应当合理分配好各科目的资金投入，在满足基础学科需要的基础上，适当对体育教学的资金予以倾斜。结合学校的实际情况和现有的资金能力，采取科学合理的资金财务预算手段，在满足一线教学需求的前提下，利用更经济节约的方式加大对学校体育教学的支持。

3.风险处理机制的建立

（1）风险处理机制的意义

在现代体育教学活动中，学生主要以身体运动为主，智力思考为辅，因此，体育教师在组织体育课程的过程中，需要特别关注学生的安全问题，对学生容易发生危险的行为进行预防提醒，必要时予以禁止。

合理的风险处理机制能够为现代体育教学活动提供安全保障，将隐患降到最低，即便发生事故时也能及时处理应对，同时，为了避免负面影响，要及时安抚好家长和学生的情绪，这与前文提到的意外事故的管理措施具有一致性，从而保证体育教学活动的有序开展。

（2）风险主体的构成

风险事故的发生，不外乎人为或者客观事物造成的两种可能性。

第一种，人为导致的风险。这是由于学生的安全意识薄弱、身体出现不适未及时发现造成的，还可能是在进行体育活动中由于未掌握技巧所致，进而导致学生发生受伤等事故，这需要教师的严格观察和提醒警告。

第二，客观事物导致的风险。这有可能是学校的周边环境存在安全隐患，如单杠等体育设备由于经久未修，已出现松动老化等问题，这就需要体育教学的管理人员及时对陈旧的体育设施进行更换、修缮，以保证学生进行体育活动的安全性。

第二节　现代体育教学管理的原则与方法

一、现代体育教学管理的原则

想要顺利开展现代体育活动，需要把握科学、合理的体育教学管理原则，将其作为指导思想从事活动。

（一）整体性原则

在现代体育教学管理中，整体性原则是必须遵守的第一原则。这一原则要求从整体的角度辩证地看待体育教学在现代教育中的影响作用，致力于提高学生的整体身体素质、整体的身心健康发展和丰富整体的校园文化体育活动。

此外，现代体育教学管理需要兼顾学校的实际情况，兼顾其他学科与体育科学之间的关系，妥善安排教学课程的时长和训练任务，从而提升体育教学管理的整体水平。

（二）导向性原则

应当将导向性原则贯穿现代体育教学管理发展的全过程，结合体育教学管理活动中的各个环节，认真完成每一环节的任务和目标。

现代体育教学管理要求根据国家不同阶段的教育方针和政策，结合当地教育行政部门的教育规章，从学校的实际情况出发，制定好每一阶段的体育教学计划，在此基础上构建现代体育教学管理体系和制度，并落实。

（三）可控性原则

在现代体育教学管理过程中，可控性原则要求在体育教学活动中对教学质量定期开展调查和评估，针对不足的地方采取有效的措施进行适当的调整，为顺利进行体育教学工作提供保障。

在检查和评估阶段，要求对现代体育教学管理的目标落实情况进行分析，对出现的问题及时反馈和处理，为现代体育教学管理的总目标保驾护航。

（四）计划性原则

在现代体育教学管理过程中，必须制定科学合理的管理计划，以保障体育教学管理目标的实现。

从宏观层面看，现代体育教学管理以学校的教育大纲为基础，制定具体的教学方案和教学计划，落实现代体育教学管理的各项工作；从微观层面看，需要明确现代体育教学的管理人员的职责，将管理任务和目标落实到每个组织机构和成员身上，制定全面、科学的体育教学管理计划，同时要求计划具有阶段性、灵活性和与时俱进性。

二、现代体育教学管理的方法

现代体育教学管理方法多种多样，要综合运用各种方法来开展现代体育教学管理工作。

（一）经济手段

经济方法要求遵循社会经济发展规律，借助国家、社会和学校的宏观调控等经济手段，平衡现代体育教学管理中各主体之间的利益关系。比如提高工资水平、奖惩制度等。经济手段的特点如下。

1.间接性

借助经济手段干预个体的行为方式，往往需要平衡多方面主体的利益关系，间接实现现代体育教学管理的目标。直接的物质奖励发挥的作用有限，可以通过表彰大会等形式向全校公布，通过榜样的力量在学生心中树立一种追求向上的价值导向。

2. 关联性

经济手段在作用于多方面的同时，涉及许多要素，这些要素之间相互联系、相互作用，有可能产生多方面的连锁反应。

因此，在现代体育教学管理过程中，为了使经济手段效益的最大化，实现现代体育教学管理的总目标，不仅要从管理对象的特殊性方面出发，还要求管理人员预测体育教学的发展趋势。

3. 有偿性

"等价交换"渗透到社会的各个领域，在学校同样如此。学校想要拥有优秀的师资资源、齐全的体育设施等，都需要付出一定的经济代价，要在劳动成果和报酬支付方面取得平衡性。全面、综合运用各类经济手段，调动现代体育教学管理各类主体的积极性，以便更好地实现总目标。

（二）行政手段

行政手段借助的是"权威""权力"。是指学校各级管理机构的领导者运用自身的权力下达行政性的指令，对现代体育教学进行科学系统的规范化管理。行政方法强调等级制度，上下级有严格的领导与被领导关系，这类手段需要结合实际情况使用，否则可能造成权力滥用。

这就要求行政部门的领导者具有较高的素质水平和理论素质能力，以及一定的领导组织能力，切实保障现代体育教学管理工作得以落实。行政手段有以下特征。

1. 强制性

行政手段具有强制性，这种多是上级对下级下达的强制命令，通过"权力的位阶性"要求下级机构认真贯彻落实。但这并不是说无条件服从上级的错误决策，而是要求在思想和行动上的整体统一。

2. 针对性

结合现代体育教学管理对象、目标和实践活动，科学合理地运用行政方法，针对性地提出具体的管理政策和管理方式。但这也带来了一定的局限性，只有特定阶段的特定对象有效，这就要求使用行政手段时要具备灵活性、适应性和与时俱进性。

3. 稳定性

行政管理体系由于体系结构严密完整，职责分明，有着高度的行动力和高度一致的目标，使得现代体育教学管理具有稳定性的特点。

4. 纵向性

行政命令的传达来自自上而下的垂直领导系统，逐层传递、递进落实。这就导致下级只服从上级的指示和命令，而对于横向的同级之间的规定无须加以理会。

但在实践过程中，存在许多横向传达的管理指令，这就导致行政指令的失效，甚至呈现同级之间相互推诿的混乱局面。对此，需要体育教师认真做好沟通与协商工作，切实落实体育教学计划。

5. 权威性

行政手段得以实现的条件在于行政指令具有权威性，管理者的权威对现代体育教学管理有很大的影响，这就要求上级领导者具有较高的管理素质能力，杜绝是"拍脑袋决策"的现象。

因此，学校各级机构要进一步优化整合，做到职、资、权、利的高度统一，以更好地发挥行政指令的作用，实现现代体育教学管理的总目标。

（三）法律手段

在现代体育教学管理过程中，法律、法令、条例等手段是必要的"法律武器"，具有深刻的指导意义。

1. 明确和协调各种管理关系

通过法律等规章，明确各级管理机构之间的职责要求和不同管理层次的关系，做到"有法可依"，抵制各管理机构之间的相互扯皮的不良风气，确保现代体育教学管理工作的有效落实。

2. 维护正常的管理秩序

学校的规章制度为现代体育教学管理活动提供了法律保障，协调管理中人、财、物、信息等要素之间的关系，从而密切不同类型的组织管理机构之间的联系，建构一个科学合理的现代体育教学管理秩序体系。

（四）宣传教育手段

在现代体育教学管理工作中，宣传教育方法是现代体育教学管理最常见的手段之一，它旨在通过对体育教学理念、计划、目标等方面的宣传教育，带动学生和老师共同参与到现代体育教学管理中来，调动他们的参与积极性，有效推动教学管理工作的进行。

科学有效的宣传教育，能够在教师和学生心中树立起正确的体育教学观念，更新他们的思维方式，把握正确的体育教学认知规律。宣传教育手段的特征有先行性、疏导性、灵活性、滞后性等。

1. 先行性

通过对体育教学共同目标的宣传教育，提高学校体育机构的管理者对体育管理方法的决策能力，制定科学的、合理的、有效的管理计划和管理方案,并加以落实。同时,在现代体育教学管理实践活动中,宣传教育有一定的预防作用,能够对人们可能出现的反应进行一定的预测,从而采取积极有效的措施来应对其带来的不良影响。

2.疏导性

教育的疏导性主要体现在:宣传教育工作多为"讲道理",动之以情,晓之以理,通过强有力的说服性打动教师、学生和机构的管理人员,避免他们之间产生冲突和矛盾。因此,就需要通过宣传教育进行缓解,以实现现代体育教学管理"以人为本"的终极目标。

3.灵活性

不同阶段有不同性格特征管理对象,价值理念、思想性格、人文需求方面都存在差异性,这就要求宣传教育的内容具有阶段性、灵活性、针对性和与时俱进性。

4.滞后性

认识是对客观事物的反应,只有在事情发生后管理者才能发觉,这就使得管理工作有一定的滞后性。需要管理人员高度重视,对现有的问题进行综合分析,制定科学合理的现代体育教学管理机制,落实体育思想教育理念,促进体育教学管理事业的发展。

第三节 现代体育教学管理的组织机构与计划

一、现代体育管理的组织机构

(一)体育行政管理体制

完善的体育管理体制是开展学校体育教学工作的前提和保障,

它能够激发学校体育教学不同主体的工作积极性和主观能动性，推动体育活动科学、有序地开展。

我国体育教学管理体制包括了政府的行政部门、社会体育组织和学校的体育机构。这些部门机构之间相互作用、相互配合，从而推动着现代体育教学管理工作的正常运行。

行政管理指的是国家行政机关借助行政权力管理国家和社会事务的组织活动，针对特定事务进行计划、组织和协调等工作活动。它具有鲜明的强制性和权威性特征。行政管理借助相应的法律法规和规章制度从事管理工作，我国的体育管理活动就是在行政管理机制的指导下进行的。

（二）学校的体育教学管理机构

1.体育教学部

体育教学部承担学校的体育管理工作，隶属于体育工作部门的校领导机构。它是从事学校体育管理活动的专门机构，是年度体育计划落实的执行机构，对体育教学的管理工作起着先导作用。

一个好的领导团队，需要队内的成员相互协调，有互补作用，这就要求在年龄、性别、能力方面进行科学搭配。领导团队必须起到带头模范作用，以身作则，在要求其他下属机构做好本职工作的同时，也要注重自身的工作价值，做到党政同心，以便更好地完成现代体育教学管理工作。

学校的校长或者副校长多半是学校体育工作的全面负责人。主要职责有：要求制定体育管理工作的总目标，对教学方案和教学计划提出总体要求；加强对体育教师和体育科研室的垂直领导，对体育工作的开展进行定期和不定期检查；结合学校的实际情况选拔和任用体育教师；重视教师的考核和培训工作；为体育工作的开展提供物质保障。

对于教导处和体育卫生处，他们直接授权于校长，对学校的体育工作进行全方位的管理。其主要职责有：制定体育课程表；协调好体育学科与其他学科之间的关系；整顿体育教学改革；安排体育教师的考核；组织和安排学生的体测事项；监督体育工作的开展情况。

体育教学部的领导人员构成主要有：主任一名、党支部书记一名、副主任根据实际需要配置，现代体育教学管理工作的开展实行的是"主任负责制"教学部主任是首要负责人。

体育部主任的能力要求规定如下：具有前瞻性，决策能力强，政策观念牢固；全面贯彻和落实上级的指示和命令；对体育教学的课程进行实时跟踪，在追求稳定的情况下追求创新；能妥善处理好各项体育工作；及时对出现的问题做出反应；有较强的组织领导能力；能够不断更新自身的学习知识，提高自身的综合素质能力；善于与人交往，协调好各方面的人际关系，为现代体育教学管理工作的有序开展提供保障。

2.体育教学部的职责确认

体育教学部的业务范围多围绕体育工作展开，包括体育课程教学、群体性活动等项目，具体内容如下。

体育课堂教学要求体育教学部制定详细的体育课堂计划安排，高效利用课堂时间、师资力量等提高体育教学课堂质量和效益。通过教师讲授体育知识和学生进行体育运动练习相结合的方法，在教师的指导下进行规范化、系统化的练习，以达成课程的满意效果。

训练竞赛主要针对的是体育生或者在体育项目方面拥有特长的学生，这类学生群体经过系统化、专业化的训练，以求在竞赛项目中取得优异成绩，这不仅给自己带来的自豪和满足感，还起到了一定的带动效果，鼓励更多的学生参与体育活动，达到体育教学的目的。

早操、课间操和课外体育活动都是开展体育工作的重要表现形式，早操和课间操能提升学生的精气神，让学生疲劳的身体得以短暂的放松，从而提高学生的学习效率。课外的体育活动则是学生群体出于自愿的群体性活动，他们在放学后有组织地前往体育场地进行额外的体育活动。课外体育活动丰富了学生的业余活动，营造了良好的学习氛围，促进了学生的身心健康全面发展。

体育场地和器材是开展体育活动的前提条件，没有这些"硬件"，体育活动就无从谈起。在现代体育教学管理中，对体育场地和设施的管理也是体育教学部的主要职责之一，确保体育活动的顺利运行。

体育科研是体育教学部另一重要职责，帮助提高教师的科研水平和能力，丰富知识量，优化知识结构，从而推动体育教学工作的健康发展、良性循环发展。常见形式有与体育相关的论文、体育科研课题等，这也是教师职务晋升的主要渠道。体育教师在深刻地把握和研究体育活动和运动规律的基础上，实现与社会、学校和学生的和谐发展。

（3）体育教学部与相关领导和部门的关系。立足于纵向和横向的各个角度，对学校的组织机构进行系统化的分析，可以发现体育教学部同校内的其他机构、部门有很深的渊源。从纵向来看，体育教学部隶属于学校的分管领导机构，又统筹着各个体育教师，他们之间相互协作、密切联系；从横向来看，同一级别的组织机构也存在着业务领导和指导的关系，共同配合，以确保学校各机构的正常运转。体育教学部要想搞好体育教学管理工作，需要注意以下几点。

①主动接受教务部门的指导。教务部作为体育教学部的直接领导机构，可以对体育教学部直接下达指示和命令。对于体育教学部而言，要严格落实教务部的文件指示，同时结合本部门的实际情况，制定切实有效的管理计划和方针，确保体育教学任务的完成，体育教学工作的顺利运转。

②经常向主管领导请示汇报。体育教学部对于开展的所有重要的体育管理工作，如外出考察、调研等，都应书面汇报给其所隶属的主管领导，做好请示工作。同时，对于上级下达的文件指示，需要深刻理解其中的精神实质，结合具体情况拟定适宜的解决方案，再向上级领导请示汇报，请求其予以定夺。严格执行好上级的工作指示，同时在落实过程中实时报告进展。

③主动寻求学生工作处的协助。体育教学部需要定期同学生工作处联系，寻求他们的帮助，从而建立起良好的合作关系。学生工作处作为组织和开展校园群体活动的"直接承办人"，能够直接与学生进行沟通协商，当学生的行为超越体育教学部的职责范围时，学生工作处也能立刻做出反应，及时处理问题，这对体育教学部开展体育教学工作的意义重大。

因此，体育教学部要同学生工作处"打好关系"，建立合适的伙伴协作关系，确保体育教学管理工作的正常开展。

④加强与各院系的联系。体育教学部在开展体育教学活动时为了得到各院系的帮助，也就应该加强同学生间的联络，以便及时地把学生的课堂学习状况反映给各院系，和他们相互配合。各院系在进行体育教学活动的过程中，也需要体育教学部的引导与配合，同样，体育教学部在进行与各院系相关的体育教学活动时，也需要他们的帮助。

⑤加强与后勤的工作联系。在学校进行体育教学活动的过程中，体育教学部必须时时和校内的后勤单位保持着交流与联络。这也就是学校的竞技交流，离不开后勤单位的支持：外出竞赛时所用的校车；锻炼之后清洁全身的用品；饮食营养结构平衡上的问题。

从整体上看，学校的体育活动工作离不开体育教学部的组织规划和校内后勤部的保障工作，两者之间要建立起良好的沟通合作关系，彼此之间相互理解，从而实现现代体育教学管理的总目标。

⑥与校医院保持联系

学校的医务部门掌握全校学生的身体数据指标和健康状况，体育教学部与校医院保持联系则能在开展体育教学活动的过程中有的放矢。一旦学生出现伤病情况，体育教学部和校医院都需要相互通报，以便体育教学部根据学生的实际情况做出合理判断，进行针对性分析。这是因为，有些伤病需要适当地锻炼，而有些则需要静养休息，两者信息的互通能帮助学生更好地进行疗养，得到较好的照顾，以便顺利完成学业。

2.学生体育部的构成

学校体育部既是组织和实施学校校园体育活动的主力军，可以很好地配合学校运动教学部的体育工作的开展。学校体育部直接隶属于学校工作部和学生会的主管，也同时接受学校运动教学部的督导。

学生体育部的工作职责在于在课后组织和开展形式丰富的体育活动，以充实学生的课后文化生活，满足学生的精神需求。

（1）学生体育部成员的结构

由于学校每年都要完成学生会的换届工作，因此学校体育部也不例外。关于学校体育部成员的数量、能力条件等方面的选择，必须兼顾学生的基本能力水平和学校体育工作的连续性，并且还应当适应学生工作处和学校体育教学部之间的职责要求。这就需要由学生工作处与体育教学部之间进行充分的磋商，以选择最适宜的学校体育部组成人选，这就涉及以下一些注意事项。

①以老一届体育部成员为主体：由于新一届的体育部成员对工作尚不熟悉，老一届成员就能起到传、帮、带的作用。

②以体育活动积极分子为主力军：体育部要求成员热爱体育运动，能够积极参加组织的体育事项。

③年龄呈阶梯式：要求新一届的学生体育部成员的年龄阶梯式分布，有利于体育部的可持续性发展。

④性别结构平衡：在新一届学生体育部成员选拔中，性别搭配必须合理，这是考虑到男女生的心理特征、生理特征的差异性。

⑤体育项目合理搭配：学校的体育活动丰富多样，学生体育部在组织和开展体育赛事时，不能过多也不宜过少。

（2）学生体育部的工作

学生体育干部分为学生会体育部干部、院系学生会体育部干部、年级体育干事和班体育委员。不同的级别干部、职责分工也有所不同，具体的工作分为以下几个方面。

①指导、督促和协调各院系学生体育部的工作。这是学生体育干部的主要职责，需要指导、督促和协调好各院系学生体育部的各项重要工作。对于院系学生体育干部，他们既是院系教师的"得力助手"，还要在学校学生体育部的指导下，完成本院系的体育活动和与其他院系的体育交流活动。当体育活动开展较多时，要求校学生会学生体育部积极响应体育教学部，在时间、场地等方面做好协调事项。

②协助体育教学部开展各项体育工作。对于学生会体育部而言，他们需要在体育教学部的指导下，协助体育教学部开展各项体育活动，做好配合工作，推动体育教学工作的顺利开展，工作内容具体来说有以下几个方面。

从课堂教学角度，学生会体育部必须按时按质完成的工作有：在开展体育教学课程的安排时，征求学生们的意见和建议，将最终的反馈结果汇报给体育教学部；同时积极协助体育教师开展各项体育活动。

从训练竞赛角度，学生会体育部应当完成下列工作：熟知校代表队的年度比赛计划，对竞赛成员表示关心；组织和训练竞赛啦啦队，在校代表队比赛时鼓舞打气；考虑到某些单项体育赛事经常性地开展，学生会体育部应当及时选拔人员进行参赛。

从群体活动角度，学生会体育部应当完成下列工作：全面了解校年度竞赛计划；在体育教学部的指导下筹备和组织体育竞赛活动工作；在竞赛之前进行公开公正的选拔等事项。

③组织、管理好学生体育协会。除了负责上述职责之外，学生会体育部还需要结合学校开展体育活动的实际情况需要，考虑设立体育协会或俱乐部，成员要求在某项体育项目具有较高水平，以此充分调动学生的体育兴趣爱好，丰富学生的文化生活。

体育协会或俱乐部作为学生内部管理的组织机构，能够为体育教学部提供业务指导，提供必要的场地和器材。同时能组织和开展各项体育活动，与外校也有一定的交流活动，当需要对外参加竞赛时，单项体育协会成员也能直接作为种子队员直接代表学校参赛。

④开展学生感兴趣的体育活动。这是学生会体育干部的另一个重要职责，他们能够在学生的体育兴趣爱好和体育活动场地有

限之间进行协调。通过开展广大学生感兴趣的体育活动，锻炼学生的身体素质，丰富学生的课后文化生活，促进他们的全面协调发展。同时，学生会体育干部也能在组织和开展体育活动的过程中提升自己。

3.学生体育协会

学生的体育协会是广大体育爱好的"家"，为这些爱好者聚集在一起进行技术交流、展示运动技巧提供了平台。将体育技术和技能很好地展现出来，调动他们的体育兴趣爱好，以吸引更多的学生进行体育活动，提高了其他学生对体育活动的参与度，在锻炼了学生的身体素质的同时，起到了传播体育文化的重要作用。

学生体育协会的存在形式多种多样，比如课外活动小组、体育俱乐部等。从整体上看，学生体育协会旨在贯彻落实学生会体育部的体育活动工作开展理念，即培养更多的体育兴趣爱好者。同时，接受体育教学部的指导，在此基础上开展各项体育项目。

（1）学生体育协会的组织形式

学生体育协会由学生自愿参加、自己管理，若干个单项体育协会组成学生体育协会总会。总会的职能由学生会体育部行使，从整体上把握和管理各个单项体育协会。有会长一名，副会长若干，下设活动部、宣传部、外联部等，以协助总会的工作。

单项体育协会的成立要求有一定的群众基础，而不是喜欢一个就必须成立一个，因此，并非所有的体育项目都会设置单项协会。

协会需要制定一定的规章制度，以规范会员的日常行为。学生基于完全自愿的原则选择加入协会，要求遵守协会规章，缴纳维持协会发展的必要会费，积极参与协会组织的体育项目。

（2）学生体育协会的活动形式

其主要内容包括两种。其一，以自己组织的活动为主，比如会内组织，会内培训、会内练习、会内比赛。其二，组织对外友谊赛。

（3）体育教学部与学生体育协会的关系

两者是上下级的领导关系，联系密切。体育教学部为各协会配置师资力量，各协会向体育教学部汇报工作，寻求体育教师的指导。

体育教学部通过课堂教学、单项体育协会活动等形式对学生进行业务指导和训练，以提升学生的体育技能和身体素质，促进学生的身心健康全面发展，推动现代体育教学管理工作的正常开展。

二、现代体育教学管理的计划

对于现代体育教学管理计划的制定，学校应当结合体育活动开展的各个环节，进行全方位的分析和预测，要求计划具有高度的前瞻性、灵活性和适应性，以确保体育教学管理工作的开展。现代体育教学管理计划具体包括以下几个方面的内容。

（一）体育教学工作计划

体育教学工作计划的制定，要求结合教育部的体育教学大纲的要求，同时结合本校体育教学开展的实际情况和学生的能力素质水平，智能地安排好每个环节、不遗漏任何有关体育活动的事项。科学安排教学计划也是体育教师开展课堂活动的指南。

（二）学年体育工作计划

学年体育工作计划要求从长远的眼光出发，深刻地领会国家的教育方针的实质精神，切实落实上级机构下达的文件指示，对学校的体育工作任务进行整体、中心概括，结合本校的实际情况加以制定，以保障现代体育教学管理工作的有效开展。

（三）业余运动训练计划

校内的业余活动和业余训练作为一项丰富的体育文化生活，是学校体育工作中的重要环节。学生积极参加业余训练，不仅能提升自身的身体素质水平，同时极大地提升了自己的运动技能，对热衷的体育项目的技巧掌握更加熟练，甚至有望成为专业运动员。业余计划的制定要在学生充分自愿原则下，结合学生的身体各项指标进行综合考虑。

（四）教师培训计划

对体育教师的培训也是现代体育教学管理工作中的一个关键环节，不合格的体育教师无法以身作则，在学生心中建立威望，一定程度上打击了学生的体育学习兴趣和爱好。

培训计划的制定，要求体育教师不断汲取新知识和新内容，提高自身的业务能力水平，更要注重体育教师思想道德素质方面的培训，能够为学生着想，从学生的角度出发。

（五）课外体育工作计划

课外体育工作计划也是现代体育教学管理计划不可或缺的一个层面，包括了学校层面、班级层面和学生的个人层面计划。在安排课外体育活动的过程中，必须与学校和家长取得密切联系，同时为学生的安全考虑，结合学生的个人实际情况进行规划。

（六）场地、器材计划

开展现代体育教学活动，场地和体育器材是必不可少的"硬件设备"，学校应当加大对体育教学资金的投入，对陈旧的设备、器材重新购置，同时引进一批新的现代化体育器材，这不仅考虑到学生的体育学习热情，更是为学生的安全负责，以确保现代体育教学管理工作的顺利进行。

（七）运动竞赛计划

体育正是由于它的"竞技性"，才深受学生和社会群体的喜爱和欢迎。在运动竞赛计划制定的过程中，必须结合学生的体育技巧，考查学生的努力程度和勤奋等因素，选拔出优秀的人员代表学生参加比赛。同时，在训练的过程中，适当加大对专业运动员的训练强度，以提高他们的体育运动水平，争取在竞赛中斩获佳绩。

运动竞赛计划是检验体育教学质量的有效方式，赛果是学生训练成果的直接反映。体育教师在制定运动竞赛计划时，要充分考虑学生的学习时间安排和节假日休息，同时与上级竞赛计划相适应，避免学生因参加过多的竞赛项目而透支身体，得不偿失。

第四节　现代体育教学管理的具体工作

现代体育教学管理工作是复杂多变的，是一个动态发展的过程。体育教学的根本意义在于在体育教师的"教"活动和学生的"学"活动实现有效结合，从而为社会主义现代化建设培养综合素质的人才。

因此，一个科学高效的现代体育教学管理体系，离不开对教学活动和开展体育事项的科学组织、安排、计划和协调，为良好的教学秩序搭建平台，推动现代体育教学管理事业的发展和进步。体育教学管理主要包括工作制定开课计划、编排课程表等。

一、制定开课计划

每个体育教学工作的初始环节都是制定学期体育开课计划，这能够有效地将各项具体的体育工作落实到每个人身上，职责明晰、分工明确，以确保教学管理工作的有序开展。开课计划包括以下几个注意事项。

1.落实学期开课计划

将开课计划工作具体落实到体育教学管理的每一个环节，根据学校的课程安排表，统筹其他学科的课表安排，制定科学合理的学期开课计划。

在制定学期开课计划的过程中，要充分考虑体育教师的师资力量、体育场地的规模和体育设施的齐全程度，设置体育课程的开设顺序、体育课程门数和时间安排。将体育的必修课和选修课进行合理搭配，必修课是全体学生必须参加的课程，选修课则是学生根据兴趣爱好自由选择的项目。

2.下达教学任务通知书

结合不同体育课程的开课计划，对所需要的体育教室和教研室进行合理安排，正确填写教学任务通知书，确保体育教学任务通知书的指示下达到每一个教研室。

3.教研室切实落实体育教学任务

当教学任务通知书到达对应的教研室后，教研室必须做好收集和归类工作，把握通知书大纲要求的精神实质，兼顾各项体育工作的各个环节，全面进行落实，同时将制定的具体的教学任务下达给每一位体育教师，落实每个人的职责分工，最后上报给教学主管部门。

二、编排课程表

课程表是所有科目教学管理工作的中心环节，体育教学也不例外。它要求排课人员具有较高的业务水平和课表安排和组织的能力。课程表的制定涉及各个方面，既要遵循教学规律和学生的学习规律，又要兼顾各学科的特点和差异性，同时考虑学校现有的场地和器材设备条件，迎合教师、学生等各个主体的需要，统筹人、财、物等各方面的资源配置，以发挥更大的价值效益，从而确保现代体育教学管理工作的正常进行。科学有效的课程表安排，对体育教学管理工作的开展有着积极的效果，具体如下。

1.有助于学生的学习效率

课程表的设置需要结合学生的一般学习规律，在学生精神状况好，学习吸收能力强的时候尽量安排重要的教学课程，而在学生较为疲劳的下午则安排类似选修课等较为"休闲类"的课程。

2.能够充分利用体育场地和器材

设置课程表时，要充分利用体育场地和器材，以提高其使用效率，发挥其应有的价值效益。

3.全方位安排教学与科研工作

对体育教学和教研工作统筹考虑，使得体育教师在完成教学任务后，能够有更多的精力投身于科研研究。在对体育教师进行上课时间安排时，要充分考虑教师的休息时间，以免过度劳累，影响教学质量。

三、日常教学管理

在开展现代体育教学管理工作中，日常教学管理的意义重大。一方面，有助于贯彻落实体育教学计划；另一方面，有助于日常教学管理的组织和安排工作。对于日常教学管理的各个环节，都不能轻易忽视。

根据我国教育的学年和学期特点，虽然各学期的具体工作有所差异，但实质上都存在着共同的程序，基本上分为开学前、期中和期末三个阶段。每一个阶段都不容忽视，需要结合各自的特点，对体育教学管理的过程中的各项工作进行科学组织和管理。

（一）开学前后的主要工作

在每个学期的开端，都是体育教师最为"手忙脚乱"的时候，这时候的工作量十分繁杂，并且相当重要，这就要求体育教师统筹兼顾好开学前的各项管理工作和事项。

1. 制定好体育教学工作计划

组织和动员有关体育教学的各方面人员，像体育教学管理人员和体育教师。贯彻落实教育部的教育方针理念和学校的体育教学大纲，理论联系实践，吸收上学年的教学经验，制定科学合理的学期教学工作计划。

2. 检查教学准备情况

教学准备是确保现代体育教学管理工作有序开展的前提条件。在体育课程的教材和备课方面以及对体育场地、器材方面需要做好充分的准备工作。

对于备课的准备，必须结合学校体育教学管理条例的要求，对教研室的组织工作进行定期监督，分析青年体育教师的备课过程。

对于教材的准备，结合学生的实际情况，选择满足学生当前阶段发展需要的教科书，同时做好教材的印刷、订购和发行工作。

对于教学设施的准备，对教室内的桌椅、体育场地和体育器材进行定期的检查维修，确保它们处于完好状态，避免学生的学习活动因为客观的设施条件受到影响。

（二）期中教学的主要工作

到了学期中旬阶段，教学质量检查是体育教学管理的重心，也就是所谓的"期中教学检查"，这是我国高校在长期的教学实践和经验中形成的一种制度。教学质量关系到各个主体的切实利益，需要高度重视。对于期中教学的质量检查，要遵循辩证主义原则、整体性原则，进行纵向和横向分析和评估，进行一次大规模的质量调研工作。一旦发现问题，及时采取措施，以提高体育教学的质量和整体效益。

（三）期末教学的主要工作

在临近学期结束，这是本学期的最重要的阶段，现代体育教学管理的工作主要有以下几个方面。

1.组织期末复习和考试

期末复习考试是对学生本学期以来的学习情况进行的一次大型测验，包括了考试的准备阶段和实施阶段。一方面，要求学生认真复习本学期所学的体育理论知识点，以十二分的精神准备期末考；另一方面，组织体育教师对学生运动技巧的动作进行指导工作，同时确定理论课和实践课的考试内容要求。在期末阶段，各教学部门需做好组织和后勤工作。

2.组织教师分析教学质量并进行学期工作总结

体育教师要做好教学质量分析工作，对学生的能力水平进行一个整体上的把握，并做好汇总情况。在这一阶段，教师要把握学生的认知学习规律，深刻汲取教学过程中的经验和教训，对教学质量分析和学期工作总结综合考虑，不能用割裂的视角看待二者的关系。这有利于大大提高下学年的教学质量，推动现代体育教学管理工作的高效开展。除此之外，期末教学工作还包括了学生的成绩录入、对教案的归档处理等。

四、教学档案管理

在现代体育教学管理中，教学档案管理也不容忽视。做好教学档案管理工作，能够方便校领导和体育管理人员了解教师的教学情况和学生的学习情况，从整体上把握体育教学工作以及分析和评估教学质量。档案数据是在教学实践中归纳和总结出来的，对改进教学方式、提高教学质量和管理水平，促进体育教学管理的现代化都有深刻的意义。

教学档案具有极大的保管价值，是对历年来的教学实践和教学活动中形成的经验教训的归纳，具体工作包括以下几个方面。

1. 收集

根据统一管理原则，对教学档案进行集中的管理，切实做好归档工作。收集各类有价值的教学文件材料，这是档案管理的基础性工作，没有资料的收集，数据管理就无从谈起。

2. 整理

遵循一定的规律和原则，使用一定的技术手段有效整合教学数据，做好已经归档案卷的编号、制作目录等工作。

3. 保管

必须对教学档案进行妥善的保存，同时对档案数据进行备份，保障教学档案的完整和安全，是管理员的职责所在。同时要采取各种有效的保存方法，尽可能延长教学档案的寿命，对教学档案进行集中式的统一管理，这有利于巩固教学工作的历来成果。

4. 鉴定

对教学档案的价值进行综合分析和鉴定，以便更好地发挥教学档案的教学价值，更好地为现代体育教学管理工作服务。根据国家的标准要求，对失去保管价值的教学档案进行统一销毁、剔除，为更有历史价值和实用价值的数据留出更多的保存空间。

5. 使用

"不使用就没有价值"，充分利用教学档案才是教学管理工作的最终目的和意义所在。

6. 统计

通过数字化管理技术对教学档案的数量质量进行综合分析，并予以统计归纳，这有利于汲取教学管理经验，做到心中有数，为后续的管理方案和政策提供数据参考。

五、教学规章制度管理

一个良好的教学规章制度，离不开科学有效的管理工作，这是现代体育教学管理的重要内容。教学规章制度的优越性在于，它的教育和管理职能，能够帮助体育教学管理者把握教学的客观发展规律，以便更好地制定体育教学计划，顺利开展体育教学活动。

在教学规章制度面前，人人平等，教学、学生和管理人员都必须无条件遵守和执行，一旦违反，不论其身份地位，都将受到应有的惩罚，以维护学习的教学秩序，引导教学活动步入正轨。制定科学有效的教学规章制度，必须把握以下几点要求。

1. 从实际出发，深入研究

必须明确制定规章制度的目的和意义，充分发挥它应该有的教育和管理职能，要求学校各主体全面贯彻落实。

2. 遵循客观规律

对于规章制度的制定，必须遵循教育发展的客观规律，结合国家的教育政策和学生的身心健康发展规律，合理安排体育教学管理工作。

3. 要求可行性

教学规章制度的制定不能一味追求"高大上"，更不能泛泛而谈，不切实际，要求规章制度必须符合学生和教师的发展需要，与开展体育教学管理工作相适应，能够切实可行，具有落实力。

4. 注重稳定性和持续性

教学规章的制定过程是一个长期的工作，需要制定人员的坚持不懈和持之以恒，对于不符合教学发展需要的规章制度及时摒弃，借鉴校外优秀的管理经验，制度在讲究与时俱进的同时要追求稳定性，绝不能进行根本性的变革，甚至"朝令夕改"，需要循序渐进，让教师和学生有一个适应过程。

5. 严格遵守、贯彻落实

教师、学生和管理人员对于学校的教学规章制度必须严格遵守，同时在制定的过程中集思广益，充分发表意见和建议，使规章制度更为合理、人性化。这样才能让教师、学生自觉主动去遵守规章条例，同时对违反规章制度的现象予以监督和批评，为规章制度的落实奠定群众基础。

第三章 现代体育教学资源管理

在现代体育教学管理中，教学资源是开展体育活动的物质前提条件，没有资源，管理就无从谈起。对现代化教学资源合理地使用和配置，是教学管理工作的重点。

第一节 体育教学人力资源管理

一、体育教学人力资源管理的概念和内容

（一）体育教学人力资源管理的概念

对于现代体育教学人力资源管理的定义，不同的学者有不同的见解，但总体上都是从广义和狭义两个角度去把握。

1. 从广义的角度理解体育教学人力资源管理

从广义的层面看，体育教学人力资源管理指的是：在体育教学体系中，一切能推动体育教学工作顺利进行的劳动力总和（包括体力劳动和智力劳动）。这就意味着像体育知识和技能、体育技术和经验等都能有效地成为人们的劳动能力的组成部分。由此可以看出，人力资源是体育教学管理中最基本的驱动力，其所拥有的劳动能力与自身是一个有机整体。

2. 从狭义的角度理解体育教学人力资源管理

从狭义的层面看，体育教学人力资源管理指的是：在体育教学体系中，富有专业体育知识和技能的能够推动体育教学工作顺利进行的劳动力总和。体育教学上的人力资源管理指的多半是狭义的体育教学人力资源管理。

（二）体育教学人力资源管理的内容

现代体育教学人力资源的内容根据不同的类型，其所具有的表现形式也不一样，主要分为以下几种。

1. 现实高校体育教学人力资源

这指的是在高校体育教学发展的过程中，对其能够起到重大推动作用的劳动能力，如教师、管理人员等。

2. 潜在高校体育教学人力资源

这指的是通过某些特定的过程，如人力资源的开发、挖掘，掌握特定技巧从而形成的劳动能力，如体育专业的学生。

3. 闲置高校体育教学人力资源

指的是尚未找到工作的"求业人员"和"待业人员"，如退役运动员、下岗后的教练员等。

此外，根据人力资源管理的范畴，可将体育教学人力资源管理分为以下几种类型。

1. 人员职务分析和设计

分析高校体育教学体系内部的各个机构，调查各组织的性质和职能，了解工作人员的业务能力水平和知识技能，在此基础上，收集和整理出具有针对性的人事管理文件。

2. 人员激励

采取一系列的激励手段，通过满足或者限制任职人员的需求，引起他们内心的起伏变化，以推动教学管理工作的开展。

3.人员考核

对任职员工进行定期考核和评估，对员工在任职内所做的贡献和取得的成绩进行考察，为绩效考评提供依据。

4.人员职业规划

人员职业规划有两个基本要求。一是要求高校对现有的体育教学人力资源情况进行整体上的把握；二是预测和分析未来的体育教学人力资源，以满足未来体育工作的需要。

5.人员的培训和开发

要求高校对任职人员开展定期和不定期的培训计划，以提高员工的知识能力和水平，从而提高体育教学人力资源的使用效率。

6.人员与组织劳动关系管理

妥善处理好组织与员工之间的劳资关系，构建和谐的劳动工作环境和氛围，以便顺利进行体育管理活动。

二、体育教学人力资源的原则

（一）目标原则

在高校的体育教学人力资源，需要确立明确的人力资源管理目标，制定详细的管理计划，这有利于更好地管理人才和使用人才。同时，要平衡组织目标和个人目标之间的关系，在强调组织目标的过程中，不能忽视员工个人的发展，对于员工合理的需求应当适当满足。

（二）系统原则

系统原则要求具有全局观，从整体上管理体育教学的人力资源，对人力资源的结构组成进行优化和重组，适当调节和管控。

同时,实时追踪人力资源的发展变化,以确保体育教学工作的顺利开展。

(三)激励原则

在现代体育教学人力资源管理中,要求遵循激励原则,采取适当的鼓励措施和手段去激发员工的工作热情和积极性,对有突出贡献的员工进行褒奖,包括物质奖励和精神奖励,比如奖励激励、关怀激励、支持激励、目标激励等等。这样做能够有效地发挥"榜样"的带动作用,以便在体育教学管理工作中取得更好的成效。

(四)互补原则

互补原则要求对各层级员工的能力、年龄等进行全面的分析,在工作中发挥他们的比较优势,实现互补性。这样能够充分利用体育教学中的人力资源,提高管理的整体效益。

(五)能级原则

能级原则指的是在体育教学人力资源管理中,根据员工的能力水平和知识技能等级,授予不同的职位和权力,以更好地安排体育教学管理工作,同时明确责任划分和职能分工。制定规范化的能级考核标准,让有能力者"位居高位",以更好地发挥管理的最佳效果。

三、体育教学人力资源的要求

在开展体育教学人力资源管理工作中,除了要遵循一定的原则,还需要满足一定的要求,以取得管理的理想成绩。

(一)为职择人

要求聘用的人才能够符合岗位的最低工作要求,根据体育教育事业的实际发展情况选拔合适的管理人才,建立专门的体育管理机构。

这样做能有效规避"关系户"现象，优化了机构内部的组织结构，提高了管理效率和管理水平。

（二）用当其人

在体育教学人力资源管理中，需要采取"扬长避短"的原则，用人得当，将个体的个性、特长等方面最大限度地发挥其优势，抓好人才的"黄金期"，以便提高教学管理的效率。

（三）任人唯贤

在选拔人才时，坚决抵制"任人唯亲"，通过对个体之间的能力水平、知识和技能的比较，来更好地使用人才。

（四）用人不疑

在体育教学人力资源管理中，对所聘用的人才给予足够的信任和充分的信心，对人才的记忆和建议给予高度重视，要求"尊重人才、信任人才"，以调动人才的工作积极性，推动体育教学人力资源管理工作的正常开展。

四、体育教学人力资源的配置的概念和内容

（一）体育教学人力资源配置的概念

体育教学人力资源配置，指的是高校体育人力资源管理部门根据一定的工作目标和任务，充分考虑人、财、物、时间和信息等各个方面的因素，以获得最高的效益产出的过程。

具体来说，体育教学人力资源配置有以下几种类型。

1. 微观层面的体育教学人力资源配置

指的是体育教学人力资源部门在现有的人力资源的基础上，与员工共同完成配置目标，借助特定的条件对体育教学人力资源

进行合理的分配,最大限度地发挥其效益。

2. 宏观层面的体育教学人力资源配置

要求体育教学人力资源管理的不同部门之间进行人力资源的分配,以实现最高的配比价值。

3. 个体体育教学人力资源配置

指的是员工为了实现自身的价值追求和实现个人的发展需要,自主选择工作岗位,主动要求从事某项管理工作。

(二)体育教学人力资源配置的内容

1. 地区配置

以区域的视角分配体育教师是一种典型的宏观调控,针对各地的体育教师人才实际状况,根据各地的资源现状以及学校体育发展计划,采取区域内部进行人员调整的方法来进行区域的人才均衡布局。这样可以均衡各区域的体育教学人才资源分配状况,实现均衡性发展。

2. 领域配置

对于体育教学人力资源的领域配置包括各个方面,比如学校体育领域、竞技体育领域等。在体育教学人力资源管理过程中,从领域的角度为出发点,综合分析领域与领域之间的关联性,从而确定最佳的配置方案。此外,体育教学人力资源配置必须从实际出发,结合我国体育教育的实际发展情况,精准定位和分配体育教学人力资源的投入,科学规划体育教学人力资源的规程、比例和机构等方面,以更好地推动管理工作的正常开展。

3. 职业配置

体育教师在人力资源管理中的职位设置,客观地反映了对体育教师人力资源的规定性要求。在实施职位分配时,应当根据工作人员的文化水平层次和职位类别加以综合考量，并按照岗位的实际需求做好对体育教学类人才的适当分配工作，以实现职业岗位数量与人才总量之间的供需平衡。

此外，还要求对未来的职业发展需求进行合理的预测，科学安排教学计划和制定教学目标，以满足各种岗位的职业需要。

4. 运动项目配置

体育运动课程中的体育运动种类丰富、多样化，所以，需要对运动项目加以合理的人才资源配置，根据体育教师的专长和能力水平分配。同时，强调梯队结构的合理性，如职称结构、年龄结构等，最终实现体育教学人力资源分配的最佳效益。

五、体育教学人力资源规划的概念、原则和流程

（一）体育教学人力资源规划的概念

体育教学人力资源规划，指的是合理分析和预测体育教学人力资源的变化发展，制定合理的方案应对体育教学人力资源出现不足的情形，以更好地推动管理工作的进行。

对于体育教学人力资源规划的认识，可以把握以下几个方面。

规划目的：确保在体育教学的过程中，各个岗位的人才得到补充（包括数量上的和质量上的）。

规划要求：结合体育教学的发展战略，发挥体育教学人力资源的数量优势、规模优势、质量效益。

规划基础：实时把握社会环境的动态变化趋势，科学分析这些变化可能引起的劳动力需求的变化，采取积极的措施予以应对。

规划内容：针对体育教学人力资源未来的供给和需求进行分析和预测，采取科学有效地应对措施，通过员工招聘、员工培训

等措施来提供体育教学发展所需要的人才,满足教育事业的发展。

规划宗旨:在体育教学人力资源管理中,其最终目的是实现体育教学和员工共同发展的双赢局面。

(二)体育教学人力资源的原则

1. 符合体育教学环境变化的原则

高校应当对体育教学内外部环境的变化拥有敏锐的感知力,结合当面的变化趋势,采取相应的体育教学人力资源管理措施,制定与之相适应的人力资源管理计划,以防在内外部环境发生重大变化的过程中规避各种风险。

2. 保障体育教学人力资源供给原则

在体育教学人力资源管理中,在结合社会人力资源供给状况的前提下,合理分析体育教学内部现有的人力资源,同时对即将流出和流入的人力资源进行预测,采取相应的政策有效保障体育教学人力资源的供给。

3. 体育教学与员工得到长期发展的原则

在体育教学人力资源管理的过程中,推动体育教学事业的发展是管理的总体目标,但是也不能忽视员工的个人发展,不然就会打击员工的工作热情和积极性,从而对体育教学的长期发展造成影响。

(三)体育教学人力资源规划的流程

第一,对现有的体育教学人力资源状况信息进行收集、整理。

第二,对体育教学人力资源的内外部环境进行分析预测。

第三,对体育教学人力资源的供需进行预测。

第四,分析高校的体育教学人力资源供需状态。

第五,制定满足体育教学发展需要的人力资源计划和方案。

第六，做好计划和方案的落实情况，进行监督。

第七，评价计划和方案的在体育教学的成效。

体育教学人力资源规划的流程为体育教学人力资源的管理提供了决策依据，能够很好地推动体育教学管理工作的开展。

六、体育教学人力资源的培育

（一）体育教学人力资源的特征

体育教学人力资源的培育，指的是为了切实保障体育教学人力资源管理工作的高效运转，通过一定的培训手段和培训计划，打造一支优秀的体育教学人力资源队伍。

1. 周期长

体育教学人力资源的培育过程是一个循序渐进的过程，经历的时间较长。无论是教师还是学生的培育，都不可能一蹴而就，想要培养出优秀的体育教师和学生，都需要经历一个漫长的过程。

2. 成本高

体育教学人力资源培育所花费的人、财、物等资源的消耗多，成本高，取得成效的周期较长。包括物质成本、受伤成本。此外，还有一定的机会成本，体育教师和学生在体育教学过程中花费大量的精力进行训练，有可能失去其他成才的机遇。

3. 风险大

由于体育活动本身具有一定的危险性，体育教学人力资源培养可能面临较大的风险。在日常的训练和竞赛中，受伤的风险在所难免。

4. 成才率低

受到多种因素的综合影响，在体育方面的淘汰率极高，成为专业运动员的数量有限，竞争难度大。

（二）体育教学人力资源培育的类型

1. 就业前的培育

在就业之前，体育教育培育有学校教育和校外教育。对于学校教育而言，体育教育体系相对完备，有着丰富的基础理论条件，体育设施较为齐全，加上学习氛围较好，学生的学习效率相对较高，在教育经费的节约和经济效益方面的效果较好。

对于学校以外的教育，为了满足社会劳动力市场的需求，体育教学的人力资源教育针对性较强，重视实用技能，使受教育者能够较快地掌握一门职业技能，以满足体育教学人力资源的需要。

2. 就业后的培育

"继续教育"是一种典型的就业后的培育，培育出的高质量人才能够为社会的各种经济生产活动提供必要的人力资源，很好地满足人力资源的质量要求，推动市场经济的发展。

对于职业教育而言，包括以下内容。

第一，新成员的入职教育。

第二，在职人员的养护教育。

第三，在职人员的提高教育。

（三）体育教学人力资源培育的内容

1. 技战术培育

体育教师的技战术水平是体育教学人力资源市场的主要"战斗力"，通过对学生相关体育项目进行专业化的训练，通过实战进一步深化和理解所掌握的运动技巧，以满足体育教学发展的需要。

2. 体能培育

在体育活动过程中，球类项目占了很大比重，这就要求运动员具有良好的体能素质，制订科学的体能培训计划是很有必要的。

3. 价值观培育

在开展体育教学的过程中，要注重教师和学生的价值观培育，提高他们的思想道德素质，树立正确的世界观和人生观，以便最大限度地充分利用体育教学人力资源。

4. 文化水平培育

知识储备是对现实的理论指导，如果缺乏良好的人文知识内涵作引导，体育实践教学活动就会缺乏正确方向，在训练的过程中易走弯路，所以，培训学员和体育教师的人文水平就是体育教师人力资源中的一个主要任务，可以更有效地提升体育教师人才的整体文化素质，从而塑造正面人物形象。

在体育教学人力资源培养的过程中，还有诸如人力资源管理能力等各方面的培育计划，从而实现人才的全面发展，提高他们应对各种开展体育教学管理工作中遇到的各种困难。

第二节 体育教学物力资源管理

一、体育教学物力资源管理的概念

想要把握和理解物力资源的内涵，首先要认识经济资源的概念。经济资源，指的是一个国家或地区内所拥有的物质要素（包括人力、物力、财力等）的总和，包括了水、空气等自然界客观存在的物力资源，还包括在人类社会实践活动中创造的各种物质财富。

物力资源是一种客观存在，不以人的意志为转移，为人类社会的生存和发展提供了必要的物质条件。

从这个角度观察体育教学物力资源，指的是在体育教学活动的过程中，客观存在的各种"硬件设施"，要求体育机构的管理人员通过一定的手段和方式对这些资源进行有效利用、整合和协调，为开展体育教学工作提供必要的设施条件，从而实现体育教学活动的总目标。

二、体育教学物力资源管理的要求

（一）体育场馆资源管理要求

体育场地资源是体育教学物力资源的一个重要组成部分，对体育场馆的管理是开展体育教学活动工作的保障。这要求管理人员对体育场地的管理予以高度的重视，具体要求如下。

1.功能齐全，搭配合理

要求学校开展各类体育教学课程，如最基础的田径、篮球等课程，同时为了满足体育教学活动的有序进行，应当提供充足的场地，进行合理搭配，必要时建立一些专馆以满足需要。

2.卫生整洁，环境幽雅

要求体育场地时刻保持干净卫生，整洁优雅，使得场地看起来大气得体且有序。在做好消毒和保洁工作的同时，定期对体育器材进行维护和修理，为师生提供一个优美的体育场馆环境。

3.器材摆放，秩序井然

对于体育器材的摆放布置，应当进行分类，根据不同的使用功能和面积的大小进行合理规划，从外表看起来有序、整齐。一般来说，大型器材位置多半是固定不变的，小型器材则需要定点保管好。

4.环境安静，不影响上课

体育场馆除了内部环境要求合理规划之外，也不能忽视外部环境的管理，要选择一个选择安静的，尽量不影响学生上课的场所。

5.制度健全，职责分明

对于体育场馆的各类工作人员，要求建立一个系统的管理机制，分工明确，有责可依，实行规范化管理。日如一日的工作事项固然乏味，体育管理工作的开始也是一个漫长、细致的任务过程，这就需要建立岗位责任制，明确每一位管理人员的职责，避免出现随意化现象。同时，对于管理人员的工作开展定期和不定期的监督考核，以确保管理工作的有序进行。

（二）体育器材资源管理要求

不同的体育器材，具有不同的实用价值，也需要不同的保管环境，要求高校对体育器材进行程序化管理，具体要求如下。

1.分门别类地存放体育器材

制定相应的存放标准，根据使用频率、占地面积等合理存放体育器材，保证器材能够随取随用。

2.外借体育器材手续要求齐全

第一，要求根据教学课程安排按时、按量将体育器材交给体育教师，不得随意外借。

第二，体育教师根据上课需要填写所需要的体育器材清单，然后由学生凭借申请单去领取器材。

第三，对于课外活动所需要的体育器材，必须有该部门提出申请，经批准后去领用，并按要求归还。

第四，对于外借器材，要求当面清点。

第五，在回收体育器材室，要物归原处，严禁随意摆放。

3.保证体育器材室的清洁

对存放体育器材的器材室，需要定期进行大扫除工作，小扫除和大扫除工作相结合，不放过每个角落的清洁工作，保持一个干净的空间环境同时做好通风工作，以保证师生的身体健康。

4.要求器材管理员在上课期间坚守岗位

对体育器材做好登记保管工作，是器材管理员必须履行的职责，需要他们有计划、有规范地进行管理。在上课前，做好体育器材的准备工作；在上课期间，要求能随时应对器材的突发事件，以保证体育教学工作的正常开展。

不同材质和功效的器材管理方法也不同，具体见表3-1。

表3-1　体育器材的管理办法

器材	管理办法
金属器材	1.对于金属器材的管理要做好清洁和防锈工作，如发令枪、高低架等 2.对于金属固定器材，要求做好油漆工作，保证室内外器材的防锈和长期使用
电气设备	1.防尘：对于暂时不用的电气设备，妥善做好断电、入库和覆盖工作，减少灰尘入侵 2.防霉：为了防止出现电路不畅问题，应对定期定时对闲置的电器进行通电 3.防腐蚀：电气设备的存放要求一个干燥、通风好的环境，对于干电池的设备，要求闲置时做好拆卸工作

器材		管理办法
秒表管理	电子秒表	1. 使用前配备表带，防止丢失 2. 电池保持电量充足 3. 将秒表挂在脖子上 4. 要求使用人员熟悉电子秒表的功能和使用方法 5. 放在阴凉处，禁止暴晒 6. 做好回收工作 7. 节能使用 8. 注意防霉防潮 9. 定期检查修理
	机械秒表	1. 机械秒表的维修费用较高，建议多储备电子秒表 2. 在使用之前拧好发条，定期校准 3. 严禁紧上发条进行存放 4. 其他保管方式与电子秒表一致
球类的管理		1. 上课之前，做好球类的充气工作和借用数量登记工作 2. 要求合理充气，不能过饱或者过瘪 3. 根据不同的季节做好球类的充气、放气工作 4. 剪短打气针，以免损坏气嘴 5. 要求放气针完整，以延长球的使用寿命 6. 减少放气针的使用频率

三、体育场馆的管理

为了保证体育教学活动的有序进行，体育场馆的管理工作不容有失，要求制定科学合理的规范制度，保证体育场馆的安全、高效使用，推动体育教学物力资源管理的正常开展，具体要求如下。

（一）体育场馆的开放时间

1. 上课时间

要求体育场馆的上课时间以学校的课程时间安排为准。一般来说是上午的 8：00—12：00，下午的 2：30—4：00。

2. 课外时间

体育场馆的课外活动开放应当是学校下课时间段和放学后的一定时间段。一般在下午 4：30—晚上 9：00

（二）体育场馆的使用规定

对于体育场馆的使用，需要注意以下几点。

（1）体育馆的开放时间要遵守学校的体育上课时间安排，对于非课时间学生不得擅自进入。

（2）对于课外的开馆时间，应对优先对校代表队开放。

（3）未经允许，不得变更体育场馆各个教室的用途。

（4）未经许可，不得擅自拆卸和挪用馆内体育器材。

（5）未经允许，不得将体育场馆作他用。

（6）对于馆内的学生要求着装规范。

（7）严禁在馆内大声喧哗，追逐打闹。

（8）严禁乱丢垃圾，随意吐口水，保证馆内的卫生环境。

（9）馆内严禁用脚踢球，以免发生危险事故。

（10）贵重物品自行保管，丢失概不负责。

（11）对于校外单位使用场馆，必须得到本校的批准。

（12）当违反上述规定，工作人员予以一定的警告和处罚。

（三）体育教室的使用管理

1. 乒乓球教室的管理

乒乓球室作为专门进行乒乓球活动的运动员和学生使用的教室，对该室的管理制度规定如下：

（1）规定着装，要求穿适合进行乒乓球运动的鞋子。

（2）禁止敲打球台。

（3）球台和网架禁止悬挂衣物。

（4）禁止利用乒乓球运动项目进行赌博等活动。

（5）禁止在室内追逐打闹，禁止坐在球台上。

（6）禁止乱丢垃圾，保持室内卫生。

（7）遵守馆内开放时间。

（8）当违反上述规定，工作人员予以一定的警告和处罚。

2. 武术教室的管理

武术教室是专门提供武术运动的场所，对于武术教室的管理制度具体规定如下。

（1）未经许可，不得挪为他用。

（2）禁止擅自使用室内的器材设施。

（3）禁止乱丢垃圾，保持室内卫生。

（4）随身携带的物品禁止悬挂在器材上。

（5）进行武术运动要求穿规定的鞋。

（6）自行保管私人物品。

（7）自觉遵守开闭馆时间。

（8）当违反上述规定，工作人员予以一定的警告和处罚。

3. 健身教室的管理

健身教室作为进行健美活动的空间，设备和机器比较昂贵，也存在一定的危险性，对于健身教室的管理制度规定如下。

（1）要求服从体育教师的安排，禁止盲目训练。

（2）按要求使用健身器材，以免自己受伤或损坏设备。

（3）对于器材使用后按规定放回原处。

（4）随身携带的物品自行保管好，且禁止放在健身设备上。

（5）禁止乱丢垃圾，保持室内卫生。

（6）自觉遵守开闭馆时间。

（7）当违反上述规定，工作人员予以一定的警告和处罚。

4. 健美操教室的管理

对于健美操教室的管理制度规定如下。

（1）未经允许，不得挪作他用。

（2）严禁破坏室内设备。

（3）严禁大声喧哗、吵闹。

（4）随身携带的物品自行保管，不允许悬挂在器材上。

（5）禁止乱丢垃圾，保持室内卫生。

（6）按规定穿鞋。

（7）自觉遵守开闭馆时间。

（8）当违反上述规定，工作人员予以一定的警告和处罚。

5. 多媒体教室管理

多媒体教室是欣赏体育影视的室内场所，对多媒体教室的管理制度规定如下。

（1）禁止乱丢垃圾，保持室内卫生。

（2）禁止随意动用电气设备。

（3）对于多媒体教室的使用要求事先申请，经批准后方可使用。

（4）严禁大声喧哗。

（5）要求爱护室内设施。

（6）专员管理，闲人不得随意出入。

（7）当违反上述规定，工作人员予以一定的警告和处罚。

四、体育场地的管理

（一）田径场管理

田径场作为进行各种体育活动和大型体育赛事的主要场地，对其管理制度的规定如下。

（1）实行"封闭式"管理，要求服从场地管理人员的管理和安排。

（2）对于外来人员借助场地，要求事先提出申请，经批准后并缴纳场地使用费方可使用。

（3）禁止乱丢垃圾，保持室内卫生。

（4）在上课期间，无关人员不得入内。

（5）规定着鞋要求。

（6）封坪育草阶段禁止入内。

（7）课外活动时间，未经许可，非本校人员不得入内。

（8）严禁车辆驶入，否则予以警告和罚款。

（二）室外运动场地管理

1.煤渣场地的管理

（1）要求保持煤渣场地适宜湿度

（2）场地表面要求适宜的硬度。

（3）对于杂草及时进行清理。

（4）周围做好绿化工作

（5）及时清理场内的积土。

（6）做好场地修缮工作。

（7）严禁在场地内过往车辆。

2.水泥场地的管理

（1）做好水泥场地污物清扫工作。

（2）及时做好雨后的积水清理工作。

（3）做好水泥场地的填充或铲除填缝料工作。

3.木质场地的管理

（1）未经允许，禁止任何人进入场地活动。

（2）未经允许，不得擅自挪动固定器材。

（3）禁止在木质场地饮食。

（4）禁止乱丢垃圾。

（5）禁止在场内开展其他激烈的球类运动和竞赛运动。

（6）在做相关布置和收拾器材时要轻拿轻放，将物体搬起移动。

4. 塑胶场地的管理

（1）仅允许场地规定的训练和比赛项目。

（2）做好防水工作，以备不时之需。

（3）禁止车辆驶入。

（4）禁止携带易爆、易燃和腐蚀性物品进入塑胶场地。

（5）禁止乱丢垃圾。

（6）禁止在塑胶场地上使用尖锐或者重物器材。

（7）合理存放发令枪。

（8）要求穿运动鞋入场。

（9）对于模糊的标志线要求重新喷漆。

（10）做好塑胶跑道的清洗工作。

（11）做好塑胶跑道的修补工作。

5. 草坪场地的管理．

（1）严格遵守草坪场地使用规定。

（2）禁止机动车驶入草坪。

（3）对于标枪、铁饼等项目，只能比赛时使用。

（4）根据季节和草的生长情况合理使用草坪场地。

（5）做好草坪场地的越冬管理工作。

五、体育器材的管理

（一）体育器材的购置管理

随着教育事业的全面发展，体育教学的活动形式逐渐多样化，对器材种类和质量的需求日益增多，这就要求学校合理购置和配备。体育器材的数量和质量直接影响体育教学活动的开展，甚至关系到师生的人身安全，在购置体育器材时，要求选择合乎质量标准的体育设施，决不能因为贪图小便宜而购买劣质体育产品。

在购置体育器材的过程中，要求符合学生的训练需要和比赛时的规格要求，以免影响学生的专业训练和比赛的进行。

（二）体育器材的入库管理

购入体育器材后，要求对器材分门别类进行存放，根据不同的材料和使用功效进行合理保管，对于较为昂贵的器材提供专门的储藏空间。同时做好登记工作，以免器材的遗漏或者丢失。

第三节　体育教学财力资源管理

一、体育教学财力资源管理的概述

从狭义的角度看，体育教学财力资源就是在体育方面的资金投入，这是确保体育教学事业顺利开展的物质保障。

（一）体育资金的概念

资金作为一种货币表现形式，根据不同的标准可以分为多种类型资金，体育资金的划分种类如下。

第一，根据体育资金的使用性质进行分类，可分为体育事业投资、体育基本建设投资。

第二，根据体育资金的使用去向分类，分为群众性体育投资、竞技体育投资、体育教育科研投资。

（二）体育资金的特征

与一般的资金相比，体育资金即存在共性，也有自己的单独使用特点，具体特征如下。

1. 政策性

体育资金的来源和使用需要遵守国家体育产业发展的相关政策，不能随意挪作他用，体育投资逐渐成为国民经济和社会发展计划中重要的一环，与国家的政策指导关系紧密。

2. 多样性

体育资金的来源多种多样，主要有"拨款型""筹款型"和"结合型"，三者各有特色。

3. 效益型

体育资金的使用要求具有一定的社会经济效益，要求成为推动体育产业和社会经济的"正向驱动力"。

4. 增长性

随着各国对体育资金的投入加大，社会集资和企业赞助也对体育产业的发展有着重大贡献，体育资金的总量在不断增加。

5. 不足性

随着我国体育事业的快速发展，在这方面的支出也越来越大，出现资金不足的现象，具体表现在以下几个方面。

第一，体育基础设施建设资金匮乏。一方面是资金的投入较少；另一方面是基础设施建设体系不够完善。

第二，体育科研经费紧张。这是制约我国体育事业进一步发展的重要影响因素之一。

第三，群众性体育活动经费较少。近年来，我国的体育事业得到了长足的发展，有了一定的群众基础，但总的来说，在某些地区由于经济水平的制约，开展的群众性体育活动仍然较少。

二、体育经费管理的过程

（一）体育经费的预算

要求对体育经费进行合理地预算分析，其依据如下。

（1）国家和学校的财政法规。

（2）当年学校的经费预算计划。

（3）上年度收支情况和决算财务分析。

（4）学校对经费预算的要求。

（5）本学年开展的体育项目的经费预测。

（6）本学年学校体育的创收经费预估。

（7）制定预算科目和预算表格。

（8）对于体育经费，应当遵循勤俭节约的原则，对于财务资金的使用必须报备，做好登记工作，对资金的使用进行监督。

（二）体育经费的收入

没有收入作为保障，体育教学活动的开展就会举步维艰。在以往很长的一段时间，学校的体育经费多由学校的财务处和上级教育部门规定，这使得体育经费很容易捉襟见肘，不利于体育教学活动的健康发展。

随着现代化体育教育理念的落实，加上社会市场经济的"自我造血"意识萌发，学校开始自己寻求"生财之道"，以弥补体育经费的缺陷。高校的体育经费收入渠道很多，具体如下。

1. 事业拨款

这种拨款方式是教育行政部门根据学生人数下划的体育教育领域的资金，是高校体育经费最主要的来源，为体育设施的配置和维修提供资金，确保体育教育事业的有序开展。

2. 学校筹措

这是高校内部在创收和校办产业等方面的收入，主要用于教师的奖金和课时工资补贴。

3. 社会集资

学校体育部通过举办大型体育赛事，寻求社会企业的赞助支持，从社会募集到的资金。

4. 自行创收

这种收入来源学校体育部通过合法途径向师生和社会人员提供的有偿服务，从而获得的资金。

（三）体育经费的支出

对于体育经费的支出主要用于以下方面。

（1）日常费用：多用于课外群体性活动、运动员的日常训练和比赛，场地器材的维护。

（2）器材设备费用：对体育器材的购置。

（3）专项建设费用：体育场馆的建设。

（4）办公费用：学校体育教学管理机构的日常办公。

（5）其他费用：体育教师和后勤人员的酬金补贴费用。

三、体育活动的经费管理的内容

（一）体育活动经费管理

为了锻炼学生的体能素质，开展多样的体育活动，这就需要体育经费的大力支持和保障。对于活动经费的管理应当包括以下几个方面。

1. 校内各项竞赛

对于学校举办的体育赛事，涉及方方面面的经费管理，主要包括以下几个方面的费用。

（1）组织编排费

教师组织赛事流程、赛事日程、安排裁判和比赛队伍、准备奖品等事项工作，都需要一定的经费支出。

（2）裁判劳务费

在体育赛事过程中，根据实际情况挑选教师和学生充当裁判，也需要一定的经济补偿。

（3）添置器材费

一般来说，每年都需要对体育比赛使用的器材进行添置，这就产生了一系列的联动费用。

（4）奖品费

高校的体育竞赛活动，对于取得优异成绩的运动选手，应当以精神奖励为主，辅之以少许的经济奖励，强调重视集体效益。一般而言，是颁发荣誉证书，这也需要一定的费用支出。

2. 学生体育协会活动

学校的体育协会需要一定的资金才能正常运转，收入多来自会费，但这不足以支撑体育活动的开展，就需要得到学校的经费支出。同时，体育协会的费用支出多用于以下途径。

（1）教师指导费

想要得到体育教师的单项指导，就需要给这些体育教师提供专门的报酬或者计入课堂的课酬。

（2）添置器材费

对于体育协会专门使用的体育设施器材，要求拿出一定的经费进行购置，费用列入学校经费。

（3）外出比赛费用

体育协会在开展与外校的体育交流活动，一些必要的开销在所难免，如交通费、餐食费，这就需要列入年度预算之内。

（4）内部比赛费用

对于体育协会开展的学校内部体育比赛，需要提供一些实质性的物质奖励才能调动学生的积极性，因此也要列入学校预算当中。

3.组织学生体育郊游

随着体育教学活动事业的不断开展，体育教学逐渐向校外扩展，这能大大调动学生的体育热情，同时也带来了一定的经费开支，比如交通费、门票费等，充足的资金才能为校外的体育活动提供物质保障。

（二）体育器材的经费管理

根据不同的分类，体育器材的类型也不一样。小件的体育器材消耗较大，需要经常性地购置，这就需要相应的经费支持。对于体育经费的合理预算，能够提高资金的使用效率，通过节约经费以获得更多的体育器材。这可以从以下几个方面进行考虑。

1.科学制定体育器材预算

（1）每年体育器材消耗的费用预算

通常情况下，体育经费在球类方面的费用支出较多，也是每年体育器材的必购项目，但是总体上在器材消耗的费用基本不变。

（2）次年对增减项目器材费用的预算

为了应对特殊情况和体育教育改革，学校体育机构需要考虑对体育器材进行调整，对需求大的增加采购，对于相对消耗少的器材则可以考虑适当减少对其的采购。

（3）体育教师工作服采购费用的预算

统一规定和采购体育教师的工作服，这不仅是对体育教师工作的支持，也能够推动体育教学活动的规范化、制度化管理。需要学校根据体育教师的数量和实际情况进行合理的购置，将这部分支出纳入年度采购预算是必要的。

（4）机动费用的预算

学校对于每年的体育器材购置数量并不是固定的，应当预留必要的机动费用以备不时之需。

2. 提高采购行为的规范化

对于体育器材的采购行为，必须进行规范化和制度化管理，严禁私自挪用采购款甚至为了赚取"差价"与商家恶意串通，严重损害学校和学生的利益，这就要求对采购项目实行透明化，进行费用公示，接受大家的监督和检举，以确保经费全部用于器材的采购方面。

3. 最大限度减耗增效

为了节约体育器材的经费支出，必须对体育器材精心保管，使得器材的损耗尽可能地降到最低，这就要求建立系统化、规范化的体育器材管理制度，对于器材予以合理地保管和使用，减少不必要的费用消耗。

（三）体育场馆的经费管理

1. 体育场馆经费的开支分类

（1）按性质分

体育场馆的经费分为营业成本、期间费用。场馆的期间费用又包括管理、财务和营业支出。

（2）按项目分

对于体育场馆的业务活动发生的支出根据项目分为：员工的工资、公务费、器材购置费和维修费等。

（3）按时间分

根据时间的阶段性，体育场馆的经费支出可以分为：直接经费、期间经费和跨期经费。

2. 体育场馆经费的监控管理

为了合理使用体育场馆的经费，要需要做好资金的使用和去向登记工作，对经费的支出进行严格的监督，确保经费的落实情况。这有利于提高体育馆经费的使用效率，对于体育经费的监控管理，有以下要求。

（1）出纳员的监控管理

要求出纳员切实履行财会法规的各项要求，同时遵守体育场馆制定的经费支出明细表，对于费用支出凭证进行严格的审核，查询其是否与所登记的情况相符，审查支出的每一笔去向。

（2）经费开支的监控管理

要求根据体育场馆的实际情况，制定科学合理的经费开支月计划、季度计划和年度计划。

3. 体育场馆的收入核算

单体项目的营业收入核算：对于馆内的每个单体项目，在当天营业结束后，要求真实地填写营业报表，已完成当天的营业收入核算。

营业收入结构核算：对于一定时期的当单项收入占总营业收入的比率，进行合理的分类汇总，已完成营业收入结构的核算情况。

营业收入季节比率核算：登记每个季度的营业收入占全年收入的比重情况，以便对季节变化的营业收入的影响进行分析和预测，为更好地提高体育场馆的使用效率和增加营业收入提高合理的依据。

4. 体育场馆的利润核算

计算出体育场馆当年的总营业收入，扣除当年的总支出费用，就得出了当年体育场馆的净利润。

（四）体育竞赛的经费管理

体育竞赛的经费支出主要用于校外的大型体育竞赛，由于大型的竞赛能够提高学校的知名度，因此，学校对于这类的竞赛活动相当重视，要求切实做好体育竞赛的经费管理工作，包括以下几个方面。

1. 教练员的训练课酬

由于在大型体育竞赛的训练过程中，要求体育教练对运动员进行一对一的精准指导，需要花费较大的心思，对运动员的整体训练计划进行统筹，同时还要对竞争对手进行分析，要求学校对教练员的报酬予以一定的倾斜。

2. 运动员的训练补助

运动员参加体育竞赛，不仅是个人的荣誉，更是关乎学校的荣誉，这就要求学校根据运动员的级别、贡献和能力等要素给予一定的训练补助，使得运动员全身心地投入训练当中。

3. 训练竞赛的器材费用支出

为了帮助运动员更好地适应体育比赛，发挥出优异的水平，需要配置专门的体育器材，体育器材的规格不能对于实战的规格要求，否则达不到训练的目的和意义。

4.运动员比赛服装费用

需要给参赛选手配置专门的比赛球衣，要求符合所参加的体育赛事衣着规定，同时对于球衣的采购，要求考虑美观性和实用性。

5.校外竞赛费用

对于参加校外的竞赛，需要交通费、住宿费、餐务费等都纳入体育经费的年度预算中。

6.比赛奖励

对于校代表队的优异表现，需要给予一定的物质奖励，以资鼓励，这也需要一定的经费支出。丰厚的奖励能够调动运动员的训练积极性，以求发挥更好的成绩。

7.外出招体育特长生经费

为了更好地开展体育教学活动，高校通常会外招体育特长生，这也需要一定的经费作为保障支出。想要招到满意的体育人才为学校争取荣誉，必要的花费是不可少的。

（五）体育教研的经费管理

"理论指导实践"观念永不过时。在现代化的体育教学工作中，科学的体育理论知识是开展体育教学的方向指南，这就涉及体育教研这一重要内容，对这方面的经费支出主要包括以下几个方面。

1.科研成果鉴定费用

对于体育科研过程中取得的科研成果，必须邀请相关专家进行分析和评估，这就考虑到一定的专家费用支出。

2.科学研讨交流费用

在进行体育科学研究时，论文的发表是必不可少的，这就涉及各级体育科研论文报告会的参与和组织，这部分的费用支出也是一个重要的考虑部分。

3.考察观摩学习费用

为了更好地开展体育教学活动，推动本校体育教学管理的科学化、规范化，对外交流是必不可少的活动。体育教师需要参观其他高校先进的体育教学管理经验，结合本校的实际情况制定科学合理的适合本校体育教学发展的教学目标和教学计划，这也需要一定的经费作为保障。

第四章 现代体育课堂教学管理

课堂管理是体育教学活动的一个重要环节，它能够为体育课堂教学活动的顺利开展提供重要保证，同时也能提高体育课堂教学的效率，使体育课堂教学获得理想的效果。本章就现代体育课堂教学管理进行研究，内容包括体育课堂教学的组织与管理概述、体育课堂教学管理的方法、体育课堂教学质量管理以及提高体育课堂教学管理的有效性。

第一节 体育课堂教学的组织与管理概述

一、体育课堂教学要素

体育课堂教学包含有很多要素，其中主要的要素包括课堂教学的组织、组织实施人员、课堂教学的体育设施、教学内容和教学任务、教学形式等。

（一）体育课堂教学组织

体育课堂教学的组织以学生集中教学为主要方式。一个体育教学班，无论学习什么内容，都是在体育教师的组织安排下，进行传授和学习的。每个体育教学班都由体育教师和若干学生组.成。体育课课堂随教学内容的不同而有区别。体育理论课一般在教室或电化教室进行。实践课如篮球课在篮球场，足球课在足球场，乒乓球课在乒乓球室，游泳课在游泳池，健美操课在健美操房，田径课在田径场等。但无论什么教学内容，师生都应以课堂为中心进行集中或相对集中的教学活动。

（二）体育课堂教学组织人员

在体育课堂教学中，体育教师是主要的组织者和实施者，他们可以是体育院系的毕业生，也可以开发其他人力资源，聘请校内外有体育特长的教师、班主任、校医、家长、学生骨干等从事体育课堂教学。

（三）体育课堂教学设施

体育课堂教学需要有体育教室和体育场地器材作为载体，因此学校必须配备能充分满足体育课堂教学的体育场馆、设施和器械，以完成教学任务。

（四）体育课堂教学内容和任务

体育课堂教学的内容包括体育文化知识、体育理论知识、体育保健知识、体育欣赏知识、运动技术技能、健康素质知识。其中，运动技术技能的内容有：田径、体操、武术、球类、健美操、体育舞蹈、跆拳道、游泳等。

体育课堂教学的任务是向学生传授体育文化和体育理论知识以及体育技术技能，以培养学生对体育活动的兴趣和竞争意识，提高健康素质、活动能力以及较强的社会适应能力等。

（五）体育课堂教学形式

根据功能，可将体育课堂教学划分为体育理论课和体育欣赏课、体育保健课、体育实践课。其中，对于学生来说，最为基础的课程就是体育理论课和体育实践课。体育欣赏课是帮助学生提高体育文化层次的课程，而体育保健课是为不能正常跟班上课的学生，如残疾学生、伤病学生设置的课程。此外还有体育选项课和体育选修课等形式。

二、体育课堂教学的组织形式

（一）班级分组形式

在体育课程的教学过程中，班级教学仍然是主要的教学组织形式。

1. 行政班

行政班是以本校原有的教学行政班为基本的教学单位来开展体育教学活动。这一组织形式比较方便，学生相互之间比较熟悉，有利于男女学生的相互了解以及学会与异性相处。

2. 男女合班分组或单班男女分组

男女合班分组或单班男女分组是打破班级或者年级界限，根据学生的性别，将男女生分开，由不同的体育教师进行教学的组织形式。

3. 按兴趣爱好（选修项目）分班

按学生自身的兴趣爱好（选修项目）分班，能更好地体现"以学生发展为主体"的思想，有利于激发与调动学生的学习积极性，促进他们自觉地从事体育活动，使他们真正获得更多的知识和技能。

4. 小班化教学

小班化教学是指以比较少的学生构成的班级规模进行体育教学的组织形式。

（二）分组教学形式

分组教学是在集体教学的基础上为了减少集合整队的时间，增加练习密度，经常使用的一种教学形式。分组可以排和列为单位，也可以按体育运动技术水平分组。优点是可以在不影响其他组练习的情况下针对某一组学生出现的问题进行教学和指导。根据学生的自身情况进行分组，其分组方法有同质分组和异质分组两种。

1.同质分组

同质分组是指打破班级界限将若干个班级的学生集中起来，按照学生的体能或运动技能水平将学生分成若干个教学班，由不同的：老师分别进行教学。为了缩小组内学生的差异，在同一小组内可按统一目标、内容、进度进行学习的组织形态。同质分组的优点是能增强活动的竞争性，符合学生争强好胜的性格，能提高学生参与活动的兴趣；缺点是容易在学生中形成等级观念和弱势人群的自卑感等。

2.异质分组

异质分组是指有意识地扩大组内的差异，将不同体能和运动技能水平的学生分成同一小组，小组间基本同质，实现小组内学生互帮互学的组织形态。异质分组的优点是可以使不同基础与水平的学生互帮互学，学会理解尊重他人，学会与人共处；缺点是学生之间在体能、技能等方面存在较大的差异，对体能训练、技能学习的区别对待带来一定的困难。

3.小组学习

小组学习是在体育教师的指导下，让学生结合成小的群体，充分发挥小群体的自主性，促进学生主动地、协同地进行学习，体育教师根据不同小组的特点和存在问题进行教学，指导学生学会理解与尊重他人，正确处理合作与竞争的组织形态。

三、体育课堂教学的管理

（一）体育课堂规章制度的制定

学校关于课堂教学的规章和制度可以维护体育教学的和谐关系，也可以保证体育场地器材的正确使用，规章制度为每个人提供了体育教学日常的行为规范。但学校在制定规章制度时要注意以下几个方面的问题。

1. 合理性

规章制度的制定必须要合理性，任何一个好的规章制度都必须是合理的。为此，制定时要考虑到学生的年龄和能力，要能被学生所理解和接受。在体育课中的安全制度的制定是学校制度中的重要组成部分。

2. 制度的清晰性

在制定规章制度时要清楚地说明该做什么，不该做什么，不能模棱两可。如"所有学生必须参加体育课程的学习，不能上课必须请假""体育锻炼的过程中要注意安全，严格按体育器材的使用说明进行操作"等。

3. 可实施性

体育课的规章制度必须是可操作的，如规定"课中学生必须穿运动服"等。

4. 一致性

体育教学中的每项规定必须明确，如"无论什么季节，不许戴帽子上课"等。

（二）体育课组织与管理的基本要求

1. 建立课堂常规

为了提高体育教学的有效性，在体育教学过程中，体育教师在教学的开始阶段就应给学生建立明确的规范和学习常规。教学常规应做到简单明了，符合学生和学校的实际情况，并具有教育性。

2. 严格执行课堂常规

体育教师要始终如一地贯彻执行已经订立的规章和制度，并规范加以执行。

3. 慎用巧用批评与惩罚

体育教师在对学生的不良行为运用惩罚手段时一定要使用正确的方式。应做到能够迅速地制止学生在体育课堂中出现的不良行为，能够及时准确地发现学生在课堂上出现问题的原因，并能把这些问题解决在萌芽状态。

4. 合理使用指导与指令

在体育教学过程中，体育教师应能够简单明确地给学生以指导和指令，使学生清楚地知道应该做什么，不应该做什么；应能够清晰准确地为学生提供体育学习的具体目标、内容、方法等方面的信息，使学生对学习什么和怎样学习有一个清楚的认识。

5. 善于集中学生的注意力

体育教师要能够将学生的注意力集中在相关的学习内容.上，在体育教学活动转换的过程中，体育教师能够及时准确地发出信息，使学生能够更好地明确体育教师的意图，跟上教学的安排。

6. 提高学生的自我期待值

体育教师应帮助学生建立良好的自我期待，提高学生的自信心；要为学生提供指导与鼓励的信息，在给学生提供的信息中首先是自我意识，即提高学生的自信心、自我期待值，充分激发与调动学习热情，其次为学生提供与运动技能认知概念相关的信息。以此激发与调动学生学习体育的热情与信心。

四、体育课堂教学管理的原则

（一）促进学生全面发展的原则

学校体育教学要能促进学生综合素质的发展，学生的综合素质主要包括基础知识、体育专业理论知识、体能素质、技术技能，以及健康的心理和完善的人格品质等，通过对学生全面素质的培养，能极大地提高学生的社会适应能力。

在体育教学中，体育教师不仅要重视学生身体的全面发展，同时还要重视学生德、美、智等基本素质的培养。要能使学生的运动参与、运动技能、体能与身体健康、心理健康与社会适应等几个方面得到同步的发展。在学校体育教学中，对体育教师的课堂教学活动有以下基本要求。

（1）设计出的体育教学方案要既能促进学生运动技术水平的提高，又能培养学生适应社会的能力。比如可以通过设计不同起跑点培养自信心，通过团队合作来培养学生与他人的相处能力等。

（2）体育教师要充分发挥积极能动性和创新精神，挖掘运动项目给学生带来的心理、社会价值。如长跑既可作为提高学生心肺功能的项目，又可以作为锻炼学生意志的手段。

（3）体育教师和学生要在教学过程中共同成长，体育教师和学生应从身心发展的多维度去评价教与学的质量，不能单一地从体育运动技能中去考评学生成绩。

（二）发挥学生主体性的原则

在体育教学中，教师和学生是教学活动的主体，其中教师占主导地位，主要起指导作用，学生则是课堂教学的主体，教师应根据学生的主体需要和特点来合理安排教学活动。在体育教学中，教师应引导学生积极主动地学习，从而提高教学的质量和效果。

在体育教学中，教师要贯彻好充分发挥学生的主体性这一原则，需要注意以下几点要求。

（1）要树立学生主体观和以学生为宗旨的教育观，以引导为主，确立为学生的"学"而教的理念，更好地为学生服务。

（2）制定完善的体育教学方案，提高学生参与教学活动的积极性，在教学过程中应做到学、练、问三者的结合，学习与创新相结合。

（3）教师要引导学生学会学习，学会自我解决问题的方法。

（4）教师要帮助学生提高发现问题和解决问题的能力。

（5）在体育教学中，应该考虑学生的个体差异，因材施教。

（三）培养学生学习兴趣的原则

为了提高学生主动学习体育的兴趣，体育教师要深入了解学生的各个方面，培养学生对体育的兴趣，让学生得到快乐的同时又能学到体育文化知识和运动技能，并养成良好的自我体育锻炼的习惯。

需要注意的是，在培养学生体育兴趣的过程中，要能使学生，形成更高层次的兴趣，因为体育教学不只是为满足学生兴趣而开展。如果学生学习体育的兴趣只停留在低级阶段，那么过了一段时间之后，这种兴趣将逐渐消失。这样就难以促进教学质量的提高。因此，在培养学生的体育学习兴趣时要注意以下几点要求。

（1）要广泛了解学生的体育兴趣，并针对学生个体的不同兴趣来选择和安排多样化的教学。

（2）体育教师要设计能促进学生学习兴趣的教学方案，以引导学生的学习兴趣向正确的方向发展．在教学中要善于捕捉时机，因势利导，积极强化学生的兴趣。

（3）体育教师要注意培养学生更高层次的兴趣，以利于体育教学活动的开展。

（四）区别对待、因材施教原则

一般来说，学生在身体素质、基本技术技能等方面都存在着一定程度的差异，因此，体育教师要根据学生的具体实际，贯彻区别对待、因材施教的基本原则，合理安排与组织体育教学。在贯彻区别对待、因材施教原则时需要注意以下几点。

（1）要深入学生之中，全面了解学生对体育的认识，根据学生的兴趣爱好、体育基础、健康状况、身体发展等多方面的情况，找出其共同点和差异所在，这样才能更好地贯彻区别对待、因材施教的基本原则。

（2）教师要重视每名学生，促进全体学生的共同提高。在制定教学计划，确定教学目标和要求时，应确保切合学生实际。对身体条件好而有体育特长的学生，要创造条件，提出相对较高的要求；而对体质弱、基础差的学生，应降低要求，力争使他们在原有基础上有所提高。

（五）循序渐进、巩固提高的原则

循序渐进、巩固提高原则，是指在体育教学中，教师要根据学生的年龄和性别特征，合理地选择教学的内容、手段与方法，并遵循系统性和连贯性要求，使学生按照客观规律，在牢固掌握知识、技术、技能的基础上逐步提高自己的技能。遵循此原则要明确以下几点要求。

（1）体育教师要提高自身的综合素质。体育教师在体育教学中起主导作用，因此其必须要具备良好的综合素质，深入了解学生身心发展的一般规律和特点，了解各项教材的系统性，以及各项教材之间的相互关系，从而能够合理地安排教学内容，促进教学质量的提高。

（2）在安排教学内容时，既要考虑该运动项目技能形成的顺序，由易到难、由简到繁地设计；又要考虑项目之间的联系，使前一个项目的学习要有利于后一个项目的学习，要帮助学生循序渐进地学习。

（3）对于一些具有一定难度的技术，体育教师应多安排时间进行练习，待学生初步形成动作的动力定型后再进行下一步的教学。

（4）在进行体育活动时，要合理地控制好运动负荷。安排教学活动内容时，也要循序渐进，一般要采取波浪式、有节奏地逐步提高运动技能。

（5）在体育教学中，体育教师应有节奏地交替安排负荷不同的体育课。后一次课的生理负荷应安排在上一次课后的超量恢复水平上，而且生理负荷总的趋势也是逐步提高的。

五、体育课程教学过程的管理

（一）备课管理

1.体育教师的备课管理

对于体育教师来说，备课是最为重要，也是最为基本的。在进行备课时，体育教师要做好以下几方面工作。

（1）对体育教材进行认真钻研。一方面，体育教师要研究教学大纲（课程标准），根据本学科总的教学目标及各单元、本节课的具体教学目标来领会教学的基本要求，把握教材的体系范围与深度。另一方面，体育教师应研究多项教材的重点与难点，以及其前后的联系，并加以总结。

（2）对学生具体实际进行深入了解。体育课堂教学要想充分促进学生的发展，课堂教学活动就必须切合学生的实际。因此，体育教师要全面了解学生的知识基础、身体健康状况、认知能力、运动能力水平，以及学习态度兴趣需要及个性特征。

（3）选择出适合的教学方法。体育教师要根据教材性质、教学任务的要求，以及学生的情况、场地器材条件，设计合理的课堂教学的方法，确定教学活动的类型和结构。

（4）编写教案。教案，又被称为"课时计划"，是教师在开展该教学时的最为重要的依据。在对教案进行编写时，教师应注意以下几点要求。

第一，应根据教学大纲的要求和学校的有关规定编写。体育教师应根据学生的实际情况，如体育基础、体育骨干、伤病情况等备课，同时要考虑到场地、器材的实际情况等，并如实详细记录。

第二，编写教案要规范，备课的详略程度应当合理。

第三，备课文字精练、准确，教法运用正确。

（5）准备场地器材。在开展体育教学活动方面，场地器材是其中最为重要的资源。在上体育课前，体育教师应自己或组织学生帮忙准备好场地、器材，这是上好体育课的物质保证。另外，教师还要认真地规划场地和布置器材。

2.学校对体育教师的备课管理支持

在学校体育教学中，对于教师的教案，学校应当进行定期或不定期的检查，同时也可通过听课和教案评比的方式来不断促进体育教师的教学水平得到提高。另外，在条件允许的情况下还可以组织集体备课，科学、合理、规范、恰当地确定每次集体备课的主题。这样能促进体育教师教学水平的不断提高。

（二）上课管理

1.体育教师的上课管理

在学校体育教学中，体育教师既是教学者，又是管理者，因此，做好上课管理是提高教学质量的重要基础。体育教师对体育课的管理工作主要包括课堂常规的建立，做好思想政治工作，调动学生积极性，上课时的合理分组，教学方法手段的运用、调度和运动密度、强度的掌握，场地器材的运用，安全措施的运用，以及教师本人和学生的服装要求等。

2.学校对体育教师的上课管理支持

上课是教师教学和学生接受知识的最为重要的形式，为了使体育教师顺利地完成上课管理，学校管理者应给予以下几方面的支持。

（1）学校相关部门要对体育课的教学给予与其他文化课程一样的关心与支持，并提出一定的要求。

（2）学校相关部门及领导应积极主动地深入课堂，了解体育教师的教学情况，加强对体育课的检查与督导，同时，应积极组织一定的示范课、公开课、研究课等多种课型，并展开探讨。

（3）学校要尽最大可能为体育课提供必要的条件，帮助体育教师及时解决教学过程中产生的各种问题，为体育教师创造良好的教学环境。

（三）课后管理

在体育教学课结束时，体育教师应提出下次课的任务，组织学生收回器材、整理场地，并按时下课。另外，体育教师还应总结本次课程的内容，让学生展开讨论，根据学生的意见和建议，有针对性地安排好下一次课。

第二节　体育课堂教学管理的方法

一、集体教育方法

集体教育的方法也是教师在课堂教学活动中最常用的一种管理方法之一。

体育课堂教学活动中，体育教师使用集体教育的管理方法就在于集体教育通过集体成员之间的交往能产生巨大的教育力量，既可以使体育教师有效地组织管理好体育课堂教学，又可以帮助学生在体育课堂教学过程中能愉快地学习知识。

（一）集体教育的互动作用

这种互动一方面表现在体育教师与学生之间，通过双向沟通可以使学生在接受教育的同时，也能及时能动地做出反馈；另一方面表现在学生与学生之间，这是集体教育最突出的特征。学生在体育课堂教学活动中既是直接的受教育者，接受教师传授的知识和受到其他同学的影响（如同学的学习态度、学习方法等），同时学生也承担着一个教育者的身份，在自身接受他人影响的同时，也时刻在对他人产生影响。在课堂教学活动中，通过教师与学生组成集体，形成集体成员的互动环境，在这种互动环境中，教师与学生的思想、学生与学生的思想进行交换，每个人都会有所变化，并且有可能产生一种集大成的新思想和意想不到的教学效果，达到有效的管理。

（二）集体教育的氛围影响力

在体育课堂教学活动中，通过交往互动，形成集体教育得以发展的宝贵外部环境资源，并刺激形成集体成员内部健康的心理环境。在体育课堂教学活动的氛围中，每个成员都有相应的位置，具有一定的权利和义务，同时有了明确的归属感，在形成的集体观和规范的约束下协调活动。这样一来可以使得每个成员在感觉集体规范和集体舆论压力的同时，能自觉对照集体的要求、同伴的行为，努力去调整自己的行为，使之更趋于合理，更易被同伴接纳。因此，体育教师就很有必要在课堂教学前形成一定的规章制度，更重要的是潜意识地去形成良好的班风和学风，在过程中激发学生的进取动机和潜能。

（三）集体教育的正确导向

在体育课堂教学活动中，集体教育的正确导向很大程度有赖于体育教师的引导和监督，以保证集体自身发展的方向不发生偏差，也能使得集体在满足成员个体需要的同时，顺应体育课堂教学活动的要求和整个教育的要求，体育教师在这两方面要找到发展的结合点，使两方面得到同等进步。在体育课堂教学活动中，教师就义不容辞地承担起对学生在课堂教学活动中的导向作用，在管理过程中，教师与学生有着最直接的接触，容易也必须在原则问题上及时为学生的思想和学习上把关，提供正确的导向。

二、分组控制方法

控制是管理过程中四项职能（计划、组织.领导和控制）之一，它意味着对组织成员的活动进行监督，判定组织是否正朝既定的目标健康地向前发展，并在必要的时候及时采取矫正措施。管理.者必须确保组织正在逐渐实现其目标。

控制的方法，即指设置一定的条件，通过一定的工作程序与数量规定，使管理对象必然沿着一定的方向、遵循一定的规格与要求去从事工作和学习活动的一种常规管理方法。而在体育课堂教学管理中，分组控制方法多数使用在学生分成若干小组进行讨论学习的情况下。这种方法是体育教师在体育课堂教学管理中经常用到的方法，也是必不可少的方法之一。

三、制度约束方法

如同比赛一样，在课堂教学活动中，学生也是需要知道活动规则的。同时，他们也必须清楚制定这些规则的原因，而且要自始至终遵守这些规则和制度。在组织性比较好的体育课堂教学环境里，学生可以很好地学习和合作，这是因为已有的体育课堂教学环境符合他们的要求，使他们清楚自己要做什么。在体育课堂教学活动中，规章制度可以维护体育教师顺利进行知识传授，可以保证学生有个良好的体育课堂教学环境学习，为体育课堂教学中的每个成员提供了一定的行为规范。

体育教师在体育课堂教学活动中有责任建立一种指导课堂教学活动中的每个成员行为的规章制度。制度的建立除了是体育教师的一种责任外，同时也需要学生的帮助。对体育课堂教学活动进行管理，采用制度约束的方法，意味着在体育教学活动中的限制和不自由，但不是消极地约束教学活动的条文，而是根据教学过程的各种科学量标，运用教学分值反映规章制度的规范要求。但因其不变是相对的，变化是绝对的特点，在管理中自然地体现出限制性和发展性，限而不死，变而不乱；限制强调达标，变化着眼发展。因此，在制定规则制度时必须要有计划、有耐心。好的规章制度必须具备下面四个方面的特点。

（一）合理性

体育课堂教学管理规章制度必须是合理的，它不仅要考虑体育课堂教学的特点，还要注意到体育课堂教学环境的不同，更要考虑到学生的年龄和行为能力，而且要被学生理解。因为体育课堂教学活动中的主体就是教师和学生，管理对象是学生，规章制度的制定目的就是为了使体育课堂教学活动能有效地进行。

（二）清晰明确

体育课堂教学管理规章制度不可以模糊不清，泛泛而定。不是建议做什么，而是清清楚楚地说明做什么。"所有学生上课必须带课本""所有学生在教师授课时必须听讲"，像这样明确地说清楚课堂教学活动中学生的行为应当如何等，应具体地说明。在制定时，最好从正面强调，即你们"能做"什么而不是"不准做"什么。如选择前一种表达方式，帮助学生明白了什么是适当的行为。如果经常发生某些行为时，体育教师必须清楚地向学生说明哪些是不允许的，例如，大声喧哗、擅离座位或是嚼口香糖等。

（三）可操作性

体育课堂教学管理规章制度制定出来是让人来遵守和执行的，必须是可操作实施的。在体育课堂教学活动中，体育教师与学生活动的范围较小，因此在制定时，应当考虑到这个特定环境下的可操作性。

（四）灵活性

体育课堂教学管理规章制度必须能根据不同情况灵活地加以处理。有时，可能出现一些超出制度之外的特殊情况，这样体育教师就要根据当时的情况进行分析后调整规章制度的限度。

四、目标激励法

目标激励方法是学生对体育课堂教学活动做出应答过程中所形成的动因、目标和策略，既取决于体育课堂教学活动本身的性质，又取决于体育教师是怎样教授和管理的。如果学生只是受到了分数或其他外在奖励的激发，他们就可能采用集中在满足最小要求的目标，即可以使其达到获得奖励的水平的目标。他们会做这些是为了应付考试必须要做的事情，然后又忘掉所学的大部分内容。如果学生发现体育课堂教学活动本身就有内在的动机当然更好，但如果他们的内在动机的基础仅仅是一种喜欢这项活动的情绪表现，而不是他们觉得课堂教学活动中所教的内容是非常有趣和有意义的，他们则仍然不会学习教师想要他们学的东西。由此可见，体育教师在体育课堂教学活动中运用目标激励其学生从体育课堂教学活动中学习的方法是极为重要的。

体育课堂教学管理目标，作为一种特定的要素，对整个体育课堂教学具有导向、激励、调控和评价等作用。这个目标的制定，一定要和体育教学目标、素质结构相互衔接、相互贯通。它不仅要包括学科的知识、能力、学法等认知因素，而且要包括品德、兴趣、需要、动机、情感、意志习惯和态度等非认知因素。同时，这个目标的制定不仅要包括体育课堂教学结构、流程、技巧和气氛等显性指标，而且要包括其环节、质量、效率等隐性指标，体育教学目标决定着管理目标，管理目标要以体育教学目标为依据。体育课堂教学目标的编制要求运用系统论、控制论的原理，把课堂教学制定成目标体系，列出本课知识体系纲要。同时，也要处理好教师、教材和学生三者之间的关系，使体育课堂教学目标成为大纲、教材和体育教师教学风格、学生现有基础的最佳结合点。因此，体育教师作为管理者提出体育课堂教学管理目标之后，让师生以最快的速度、最生动的方式所认可，师生对体育课堂管理目标认识得越明了、确切，就越能激发师与生的教与学积极性，这一目标是相互性的。

第三节　体育课堂教学质量管理

一、体育课堂教学质量的内容

（一）体育课堂教学的条件质量

体育课堂教学的有效展开，当然离不开一定的教学条件。要搞好体育课堂教学的质量管理，首先必备的硬件并达到一定标准，否则人才培养的质量就难以得到保障。所以，在体育课堂教学质量管理中必须加强对体育课堂教学条件的管理。具体而言，也就是要搞好教学"三项面积"（教室、图书馆、实验室）标准、"六项教学经费"生均标准、图书馆藏书生均标准、学生宿舍面积生均标准、教学仪器设备生均标准、体育设施生均标准等的质量管理，这些都成为检查评价的重要依据。

同时，还要搞好体育课堂教学基本建设，主要包括体育课程建设、体育教材建设等。体育课程建设不仅要进行其内容的更新和改革，还要进行课程的整合与优化，即课程体系优化和系列课程的整合。体育教材建设也是教学基本建设的重要方面，要全面更新教材体系和教材内容，编写出更多的适应新时期人才培养的新教材。此外，还应注意电子教材、网上教材等方面的探索与应用。随着科技进步和信息时代的到来，教学手段正在发生着深刻的变革。这除了与传统教学配合的多媒体教学、CAI课件外，还应注意远程教学（主要指卫星电视系统），尤其是网上教学的开发和应用。

最后，要搞好班风建设。班风是提高体育课堂教学质量的重要保证。班风建设对体育课堂教学质量和教学水平有着重要影响，学生的学习风气、学习态度的优劣是班风建设的根本问题，体育教师从严治教、为人师表是班风建设的重要方面。

（二）体育课堂教学的过程质量

教学过程的质量实际是通常意义上的教学质量，它强调理论课和实践性教学环节动机和效果的一致性。从表面上看，这一过程似乎比较容易控制，因此现在大多数学校下大力气进行课堂和实践性教学过程的控制，许多教学质量保证体系的重点也都集中在这些方面。其实，影响教学过程质量的因素十分复杂，其表象十分直观，但其原因却是隐性的，牵涉到很多因素。尤其值得注意的是教师的教学态度、投入程度以及学生学习的自觉性，对教学过程质量起到根本性的作用。

一是要严密规范各个教学环节的教学管理。在体育课堂教学质量管理中无论是大过程还是小过程，都要按照教学规律，从教学决策、教学计划、教学实施、教学检查监督和成绩考核评价等环节严密规范管理，不能有任何一环疏忽，校系各级在各个环节中的管理，要明确分工，密切配合，建立各级在各环节中的管理责任制，使整个教学过程环环有管理，级级有责任。同时，每一环节中的管理制度、管理程度、管理目标和管理的主要工作都要有明确的规定，使每一环节的管理都有章可循。

二是着力抓好教学主要环节的管理。和任何事物一样，教学在其整个过程中，有其相对重要的环节，如课堂教学环节和考试环节就是整个教学过程中极为关键的两个环节，教学管理部门应集中力量，花大力气抓好这两个环节的管理。要按课堂教学规律，科学严密地安排组织好课堂教学；要从教师安排、教材的选用、教师的备课、教师课堂教学的组织讲授等环节，把课堂教学抓好抓实，并通过组织听课、巡视、检查等形式经常深入课堂，对课堂教学进行检查监督；还可有计划地组织一些课堂教学观摩、比赛等活动，加强课堂教学的示范性，增强教师课堂教学的进取心，以提高课堂教学质量。考试，是教学过程检验教学效果的过硬环节，教学管理部门历来是紧抓不放的，要从组织复习、命题、审题、考风考纪、监考工作、评卷和试卷分析、成绩分析等环节抓细抓实。

三是要加强薄弱环节的管理。在教学全过程中，实验实习教学、课外辅导答疑等一些环节，往往不那么引起管理人员的重视，成为教学管理中的薄弱环节。实施全过程的教学管理，就要加强薄弱环节的管理，消除管理死角。因此，教学管理部门对教学次要环节也要加强力量，制定相应的管理制度、管理程序、管理目标等，施以切实有效的管理。

（三）体育课堂教学的结果质量

课堂教学结果质量是对课堂教学进行关注时不可缺少的一个

部分。

提高体育课堂教学结果质量是提高整个体育教学质量的基础，在体育课堂教学结果质量评价时，应该从以下几个影响课堂教学结果质量的因素着手。

（1）师生关系的融洽性，即教师能否公正平等地对待每一个学生，能否与学生建立良好的相互信任的关系，能否有效地收集学生的反馈意见以改进教学。

（2）教与学的沟通性，即一方面教师能否运用一定的教学手段和方法，激活学生的思维，充分发挥教师的主导作用，重难点突出，内容深刻；另一方面学生能否积极参与，以良好的学风促使教师高水平的提高，顺利完成教与学的任务。

（3）要注意科学性与实用性的融合，不但要丰富学生的知识储存，还要开拓他们的思路，不仅能用，还能会用。

（4）要求教师运用各种教学艺术，精心组织教学，利于学生的消化和理解。

在这样一种教学质量管理模式中，充分体现了高等教育的以培养学生能力、完善学生人格、满足学生自身学习和发展需要的目标，处处显示出对学生人文关怀和爱心，表现出对教师主体性的尊重，这样就会使现行的强制性的高教质量管理措施和手段内化为广大师生的自觉行动，共同参与到教育质量各个层面的管理中来，切实提高教学结果质量。

二、体育课堂教学质量管理的手段

（一）教师要严谨地组织教学

所谓组织教学，就是要把学生的目光、注意力、情绪、思维集中到课堂上来。它既是一种约束力，又是教师为学生创设良好的学习环境，使教学过程有条不紊顺利进行。因此，组织好课堂教学，维持良好的课堂气氛，既是有效完成教学任务的基础，也是提高教学质量的重要手段；同时，还是教师责任心和组织能力的具体体现。

（二）教师要用灵活的方法教学

教学方法灵活的实质就是不断地启发学生的思维，把书本上的"死东西讲活"，激发学生对知识的兴趣，并帮助学生形成对事物主动思考质疑的能力。教师要根据教学内容、教学对象精心设计，不断地变化教学方法。要把主导式、讨论式、启发式、精讲与演示等教学方法有机地结合起来，并不断地引导学生积极思考，切勿采用单一的教学方法。否则，就会造成学生注意力分散，且直接对学生的感知、记忆、思维、兴趣、能力等产生重要影响。大量的实验证明，好的情绪使学生精神振奋，兴致勃勃，不好的情绪则抑制学生的智力活动。学生的行为，在很大程度上，都是以他们的情绪为转移的，他们常表现出以感情支配理智。他们对教师有一种特殊的依赖心理。课堂上教师的一言一行，即使是关注的一瞥，信任地点头与含蓄微笑的示意，也会成为注入学生心田的安慰剂和兴奋剂。当教师以热忱的爱去满足学生的情感需要时，就可以转化为学生接受教育的内部动力。学生喜欢某位老师，就会引起"爱屋及乌"的连锁反应，同时喜爱他教的学科，并竭力学好。反之，如果学生讨厌或害怕某位教师，他们对教师的敌意或对立就会涉及他所教的学科。因此，教师应善于控制自己的消极情绪和不良心境，在课堂上应以饱满的情绪，通过讲课的神色、手势、眼神等发出对学生热忱鼓励的信息。真诚耐心的情感让学生在心灵上产生对教师的亲近感和信任感，激发学生的学生热情和注意力，并以积极的精神状态与教师合作，共同完成课堂教学的任务。

（三）教师要用策略性的教育手段教学

对课堂上出现的消极心理活动，如走神、讲话、做小动作等，尤其是个别差生因种种原因，意志薄弱，不能控制自己的言行。以上这些现象，虽是少数，但自觉或不自觉地影响了课堂教学。因此，教师在教育方法上要讲究策略。迅速做出适当的反应使这些消极的心理活动得到及时调整。一般而言，教师根据消极情况和对象的不同采取不同的方法。一是用目光唤回学生注意力；二是走近给以暗示；三是突然停止讲课，使个别做小动作或无视学习的学生，因突然的静而骤然清醒，回到正题上来；四是创造发言的气氛。调动参与集体活动的积极性，提一些容易的问题，让他们发言，并在发言中对其学习闪光点不断地给予肯定表扬，鼓励、激发其学习兴趣和学习的积极性。对有些对抗情绪的学生尽量不点名批评，避免正面冲突。做到动之以情，晓之以理。

（四）教师要责任明确地去教学

教学包括教与学两个方面，它是教师传授和学生学习的共同活动。教师应该明确：在整个体育教学过程中，教师始终处于主导地位，必须起到主导作用，这是因为教师深知培养目标的目的，能够预见学习的进程，以用有效的方法教育学生。但是，教师的主导作用必须密切地与学生的学习主动性结合，教学质量是在教与学的互动过程中实现的。教师的教学态度和行为，学生的学习态度和行为，以及双方在教学过程中的交流方式与效果，产生特定成色的教学质量。教师的学术水平再高，若缺乏高度的责任感、教学态度和行为规范，或者学生的基础再好，如果缺乏正确的学习观和学习态度，都不会产生高水平的教学质量。学生学习过程中，由不知到知、由少知到多知转化，都离不开学生的主观能动性，它是主体。教师的主导作用必须密切地与学生的学习主动性结合。"教学相长"，就是说教与学相互促进，它体现了师生之间应该是相互推动，共同提高的，而这与教师的主导作用是不矛盾的。"学然后知不足"是一句常常听到的古训，但是它后面还有一句对我们教师更重要的话"教然后知困"。正因为如此，才有教学相长一说。

第四节 提高体育课堂教学管理的有效性

一、体育课堂教学有效性的概念

从专业角度说，有效性是指通过体育课堂教学，学生获得发展。

（1）发展就其内涵而言，指的是知识与技能、过程与方法、情感态度与价值观三维目标的整合。即相对于人的发展这一目标；任一维度的目标都不能脱离整体而单独存在，缺少任一维度都无法实现真正意义上的发展。

（2）发展就其层次而言，包括现有发展区和最近发展区。

（3）发展就其形式而言，有内在发展与外在发展。

（4）发展就其机制而言，有预设性发展和生成性发展。

（5）发展就其时间而言，有当下发展和终身发展。

（6）发展就其主体而言，有学生发展和教师发展。

新课程背景下的体育课堂教学有效性，不仅仅要让学生学到有利于自己发展的知识、技能，价值观念和学习方法，而且要注重让教师在体育课堂里拥有创设的主动权，能充分根据自己的个性、学生与社会发展的需求来发展自己的教学个性，这正是新课程背景下获得体育课堂教学有效性需达到的目的。

综上所述，体育课堂教学的有效性绝不仅仅限于体育课堂教学的效率与效益，更不能把其窄化为"双基"和考试分数，而是人获得发展，包括师生的发展，其中尤以学生的成长与发展为中心旨归。

二、体育课堂教学有效性的特征

（1）有效的体育课堂教学是兼顾知识的传授、情感的交流、智慧的培养和个性塑造的过程。学生的生活世界指的是学生全部的生活得以开展的背景和各种可能性。"生活世界"是促进学生个体多种品质生成的奥妙之所。

（2）有效的体育课堂教学是全面促进学生成长与发展的途径。在有效的体育课堂教学中，能够营造一种追求真理、崇尚学问的精神氛围，让学生在这样的精神氛围之中接受先进体育文化的洗礼和熏陶。

（3）有效的体育课堂教学重视教学过程的探索性与互动性。在有效的体育课堂教学中，尤其重视体育课堂教学中师生的交流和对话，课堂教学不是机械地生产一些整齐划一的脑袋，而是培养鲜活且富有创造性品格的人才。

三、体育课堂教学有效性的价值取向

（一）关注学生的成长与发展

所谓课堂教学的价值取向就是教学目标的方向性问题。也就是说，在一节体育课上，在有限时间内，师生做什么最有价值。做有价值的事才是有效的，价值越大效益越大。师生一定要明确：课堂体育课的主要任务是干什么，在有限的时间内首先要完成主要任务，主要任务完成了，体育课堂教学的效率才能提高。

根据二八定律（巴特莱法则），任何工作如果按价值顺序排列，那么总价值的80%往往来源于20%的项目。简单地说，如果把所有必须干的工作，按重要程度分为十项的话，那么只要把其中最重要的两项干好，其余的八项工作也就自然能比较顺利地完成了。体育课堂教学也是如此，但教师要清楚这节体育课的主要任务是什么，这节课主要是围绕什么来开展活动，评价一堂课的标准不是看搞了什么活动，而是看完成了什么任务，最终要看学生是否获得了发展。

（二）体育课程目标的价值取向与长效和短效问题，

新课程提出了三维的课程目标：知识与技能、过程与方法、情感态度与价值观。有的体育教师一直感到困惑：这三维的课程目标在体育课堂教学中是什么关系，应以什么为主？这实际上也是一个价值取向问题。对于三维的课程目标，应以知识和技能为主线，过程与方法以及情感态度与价值观都是以知识为载体来实现的，最终实现学生的健康成长与圆满发展。

所谓过程与方法，是学生在获得知识和技能的过程中运用了什么方法，指教师灌输获得的还是自主探究获得的，其价值不可同日而语；所谓情感态度与价值观，指学生在学习的过程中是以什么样的情感和态度来参与的，是积极主动还是消极被动，是富有兴趣还是厌学乏味。通过一节课的学习，学生的价值观、人生观等观念会发生什么样的变化。这一切都以知识为载体。所以，在体育课堂教学中不能淡化知识的教学。一堂体育课的价值取向也有长效和短效的问题。具体到一节体育课，"满堂灌"的方法可能是最好的方法。有的教师说："如果让学生自学，可能十分钟还搞不明白，我给学生讲，三分钟学生就明白了。"这就如同钻山洞，让学生自己钻，会在黑暗中探索很长时间，甚至会碰头磕腿，如果教师领着学生钻山洞，很快就出去了，因为"闻道有先后，术业有专攻"。具体到一节体育课来讲可能会如此，但从长远来讲，特别是从学生的终身体育发展来讲就不是如此。现在提出了终身学习的概念，学生走向社会后还要不断地自学才能适应不断发展的社会，而这种自学能力不是走向社会后才培养，而是在学校里，甚至从小学一年级就要培养。另外，学生在初始阶段，自学可能会花费很多时间，不如教师讲授学得快，但经过一个阶段甚至半年、一年的时间，学生的自学能力一旦形成，将成倍提高学习效率。正是从这些意义上，新课程提出转变学生的学习方式，为学生的一生发展奠基。所以，体育课堂教学还有长效和短效的问题。在体育课堂教学中，不能以牺牲学生终身发展来换取一时的效果。

四、影响体育课堂教学有效性的主要因素

体育课堂教学有效性是多因素作用的结果，下面就其中最为主要的影响因素进行论述。

（一）教学知识的有效性

在体育教学活动中，知识的有效性是保证体育课堂教学有效

的一个十分重要的因素。这里必须首先明确以下两点。

一是科学知识和有效知识是相互联系的两个概念，但科学知识并不等于有效知识。如讲授的内容是科学的，但全是学生已习得的知识，或者是他们听不懂和无法接受的内容，这就叫作"正确而无效的知识"。

二是非科学知识也不能笼统地认为是无效的知识，如寓言、神话故事等内容并非是科学的，但可以启迪人们思考，从另一角度充实学生的知识，提高学生的认识。因此，教学效果不取决于教学内容的丰富和教学时间的长短，而是取决于有效的知识量。

因此，教学效果不取决于教学内容的丰富和教学时间的长短，而是取决于有效的知识量。

1. 学生的知识增长取决于有效知识量

教学首要的、根本的任务是给学生以基本的方法及系统的知识，教学中学生知识的增长是教学成败的关键。然而，教师教学内容的数量和学生知识的增长的数量往往是不相等的，即教学内容的总量不等于学生知识的增长量。

2. 学生的智慧发展取决于有效知识量

发展是教学的主要任务，知识不是智慧，知识的迁移才是智慧。在个体的知识总量中并不是所有的知识都具有同样的迁移性，而只有其中熟练掌握的知识才是可以随时提取、灵活运用、"自由出入"的知识，这一部分知识，称为"个体知识"，总量中的有效知识，是智慧的象征。

3. 学生的思想提高取决于有效知识量

学生的思想认识以知识传授为基础，这种知识是指教学中学生获得的、融会贯通、深思熟虑、实在有益的内容。

4. 教学的心理效应取决于有效知识量

学生的中心任务是学习，他们的主要需求是知识且是有效知识的满足。教学中有所得，有所获，有所感，通过对知识的获取产生愉悦的心理效应，才能成为活动的原动力和催化剂。

（二）教学调控的有效性

在体育课堂教学中，体育教师对教学速度、密度、难度的调控，直接影响到教学效率的高低。

1. 体育课堂教学速度

体育课堂教学速度是指单位时间所完成教学任务的一定量，教学速度的快慢意味着在恒定的单位时间里接收信息量的多少。判断教学速度是否合适的标准是极难确定的，一般以学生的接受水平为依据。现代心理学家研究证明：人类接收信息量是以"组块"为单位，要想长期记忆一个组块，最低需要显示 8 秒的时间，但要真正理解掌握应用，则一节课只能完成 4—20 个组块。

2. 体育课堂教学的密度

体育课堂教学的密度是指单位时间内完成教学任务的一定质的程度。体育课堂教学传授新知识越多，其教学密度就越大。如果一堂课松松垮垮，没有足够的思维密度，长此以往就会造成学生思维肤浅，不善于动脑分析和解决问题。教学改革的实验表明：体育课堂教学中采用学生实验、问题讨论、表扬激励等方法，让学生通过动脑动手、动笔动口进行学习，使各种感官受到刺激，一堂课上有较长的有意注意时间，能够改变大脑的兴奋点，促使大脑对各种感官的信息进行综合分析，形成概念，这样的体育课.堂教学的思维密度是比较高的。

3.体育课堂教学的难度

体育课堂教学的难度是指体育教师和学生在教学过程中感受表达、理解、运用等的难易程度，这里主要是指学生学习时的难易程度。过难，学生不理解，是浪费；过易，既降低了教学要求，又会影响学生学习的积极主动性，更是浪费。

4.体育课堂教学的时间

有的体育教师对一堂课的时间缺乏精打细算，使体育课堂教学效率下降。为了减少时间的损耗，建议在教学中应做到：课前做好准备；准时上课；提炼和浓缩教学语言；提高提问技巧；充分发挥教师的主导作用，等等。

（三）体育教学方法的有效性

在体育教学过程中，常常强调启发式教学，这也可以说是提高体育教学效率的一种途径。但启发式教学不是盲目激发学生的"好奇心"，而是通过揭示学生头脑中已有的知识和经验中的矛盾因素，促使学生主动地去寻找解决问题的途径。运用启发式教学的关键在于教师的引导。人们往往误认为启发式就是"问答式"，其实，在实际教学中启发式的方法是多种多样的，如目的启发、问题启发、形象启发、比较启发等，最终是为了达到最优的启发效果。在教学中怎样在学生有限的知识基础上，用大量典型的实例，达到举一反三的效果，这正是启发式的用武之地。

另外，在体育教学方法的实施中，教学策略的选定和设计又是教学过程的中心环节，它是为实现教学目标、完成教学任务所采取的方法、步骤、媒体和组织形式等教学措施构成的综合性方案。

体育课堂教学所采用的基本教学策略类型有以下几种。

（1）以方法因素为中心的方法型教学策略，包括讲授型和发现型两种。

（2）以内容因素为中心的内容型教学策略，根据内容性质和内在的逻辑结构可划分为直线式、分支并行式、综合式。

（3）以师生活动方式加以划分的方式型教学策略，分为教师中心策略、学生中心策略。

（4）以教学任务和学习类型为中心的任务型教学策略，分为讲解性、练习性、问题定向性和综合能力性策略。策略的划分主要是为研究、探讨所用，实际中必须设计出更多具有特色的教学新策略。向学生传授科学知识的目的之一，是提高学生分析问题和解决问题的能力。知识在问题的解决中起着重要的作用，但并不意味着知识越多解决问题的能力越强，即使头脑中储备了解决某个问题所具备的全部知识，也不能保证这个问题得到解决。于是摆在教师面前的一个问题是：怎样掌握知识才能提高解决问题的能力？这个问题对于设计教材教法都具有直接的指导价值。

从心理学的理论研究来看，学生头脑中的知识左右做到条件化、结构化、熟练化、策略化，才能实现有效迁移，也才能做到学以致用。其中：

条件化——知识与该知识应用的"触发"条件结合，形成条件化的知识。

结构化——知识以一种层次网络排列。

熟练化——知识的各个方面经过练习而紧密结合在一起，并达到自动化的程度。

（四）教学信息传递的有效性

在体育教学过程中，教师通过一定的教学方法和艺术手段输出教学信息。在这一传递过程中，为了保证教学的有效性，至少应注意三个环节。

1. 解决好信息的变换问题

这是体育教师备课过程中所要解决的主要问题，即准备将贮存状态的知识重新组合，以便变换成传输状态的信息而输出，解决好如何讲解及表达方式和顺序的问题。

2. 解决好信息的传递问题

在体育教学过程中，学生主要是通过视、听、触觉来接受教师所传来的信息，而一般人认为以视觉最为有效。单一的形式不如综合传递的效果好，这已是许多实验数据证明了的。如心理学研究表明：一个正常人用眼接收的信息约占 85%；用耳接收的信息约占 11%；用鼻子闻接收的信息约占 35%；用舌头尝的占 1%；用手和身体接触的占 15%。显然视听结合多渠道的、师生之间双向的信息传输有助于提高教学效率与效果。

3. 掌握对教学过程的调控

对体育教学过程的调控是教师主导作用的重要表现。虽然没有输出就没有输入，但教学效果如何却不能用教师输出多少来加以判别，它取决于学生的有效输入。这里关键是教师对教学过程的有效调控，要使整个过程处于最优状态取得最优效果。体育教学过程的调控既要调动学生学习的积极性，又要注意提高学生自我调控的能力。

体育教师应注意把握以下几个问题。

第一，调控的原则—掌握教学平衡。使体育教师、学生、知识三个方面都处于动态平衡中，始终保持信息流的畅通，使学生的有效输入大幅度增加。教学平衡要求教师和学生必须处于同题、同步（即体育教师在全心全意地教，学生在专心专意地学），只有这样，才能收到好的效果。

第二，调控的方法—教学反馈信息。教学反馈的形式是多种多样的，学生在课堂的表情、眼神、动作是一般的反馈信息；对问题的回答、讨论会、座谈会则属于高级反馈信息。测验和考核是教学中的一条重要的反馈形式，但不能把考试作为一条"鞭子"督促学生进行学习。

第三，调控的目的—实现最优化。就是指在一定教学条件下，依靠教学反馈信息，采取最优的措施，进行最优的调控取得最优的教学效果。

在体育课堂中，要确保教学传递信息的有效性，体育教师必须努力做到以下几点。

（1）明确输出信息的目的。首先，要明确学生应当从教师输出的丰富的信息中学习什么，掌握什么知识技能，具有哪些能力。教师输出信息的目的应有层次之分：指导性目的、粗略性目的和详细目的。

其次，教师输出教学信息的目的应有范围之分，即认识性目的、精神运动性目的和情感性目的。区分教师输出信息目的的层次和范围，有利于输出信息的设计和分析，因此上课之始，教师必须明确输出教学信息的目的，尽可能把体育课堂教学的主题转化成具体的详细目的，并且十分清楚重点放在哪里。

（2）选好输出信息的突破口。输出教学信息是一门艺术，必须选好突破口，使学生从接收信息到加工信息、储存信息之间有一个好的过渡。选好突破口能在几分钟内激发学生兴趣，产生强烈的求知欲。

（3）输出教学信息要完整有序。科学知识自身具有严格的完整体系，应把科学的系统性转换成所输出教学信息的系统性。这种系统性包含：输出教学信息的完整性；输出教学信息的有效性。

（4）输出教学信息要清晰流畅。在体育课堂教学中，体育教师输出的信息不应模糊、不确定、似是而非。清晰流畅的关键在于教师从文学作品、实践经验中获取大量的知识储备，而且在运用时还应考虑学生已有的知识经验水平。为此，体育教师在输出体育教学信息时应注意以下几点。

①运用易于接受且适合实际的语言。

②运用简洁而规范的描述。

③运用有吸引力的新闻报道式的语言。

④保持语言的流畅不间断性。

⑤把抽象的东西讲得生动形象，把深奥的东西讲得浅显易懂。

（五）教学交往的有效性

体育课堂教学是师生互动的过程，其相互影响和交织构成了教学活动的复合主体。体育教学活动的成效在很大程度上取决于这一复合主体中双边的关系。如融洽的程度、了解的程度等。作为当代体育教师应该运用心理规律去组织体育课堂教学，获取体育课堂教学的高效率。运用心理规律组织体育课堂教学应注意提高学生的注意力程度。

无意注意是不需要任何努力的注意，主要与刺激物的强度、刺激物的新异性、刺激物的对比关系和刺激物的运动变化有关。体育教师应创造一个良好的学习环境，注意自身的仪表、视线、表情、动作、语言和非语言信息在传播中的沟通作用，做到仪表端庄，精神饱满，语言生动风趣，辅以恰当的动作和姿势，视线环视所有学生，平衡情感，表示关切等。有意注意即是自觉的、有目的性的注意，需要意志努力的注意。

有意注意的引起和保持与以下因素有关。

（1）与学习目的和完成学习任务的理解程度有关。

（2）与学习的间接兴趣有关。

（3）与讲解重点和难点去强化注意有关。

（4）与克服困难排除干扰程度有关。

两种性质不同的注意不能截然分开，二者可以相互转化。有意注意需要紧张的意志努力，持续时间过长会使人产生疲劳；无意注意无须主观的努力，不易疲劳，但易受刺激干扰。所以，体育课堂教学全靠有意注意来维持高度紧张的学习是有困难的，应该有意和无意交替进行，把学生的注意力始终集中在体育教学内容上。

第五章　现代体育教学主体管理

在现代体育教学管理系统中，体育教师和学生的地位是平等的，都扮演着管理的主体角色，是这一系统中的重要参与者，也是推动其发展进步的关键要素。也正是因此，使得对这两者的研究显得尤为重要。

第一节　体育教师管理

一、高校体育教师概述

（一）体育教师的特征

高校体育教师主要服务的是高校中的学生，因而他们的年龄结构以及个性特征均对高校体育教师的教学有着重要影响。换言之，高校学生的特点正是高校体育教师设计体育教学计划、划定体育教学内容的立足点和归宿点。而这也使得高校的体育教师在教学过程中凸显出以下特点。

1. 重视学生在教学中的主体地位

高校中的学生一般都已成年，在身心的发育上较为完善，有自己的想法和追求，因而在体育教学中对教师的依赖程度较低，不需要体育教师给予过多的指导或帮助，反而渴望有一定的自我发展空间，能够依靠自身的努力钻研而独立的开展体育锻炼活动、完成体育学习任务。显而易见，学生在现代体育教学中想要更大的自主性，而体育教师也不断在此方面努力着，积极主动地与学生沟通交流，重视引导学生发挥自身在体育学习中的主体特性，逐步摆脱了传统体育中灌输式教学的弊端。

2.具有丰富的知识

高校体育教师在现代体育教学中承担着重要的职责和使命，需要引导高校学生积极参与体育活动、科学锻炼身体，增长其体育文化素养、基本体育知识、基本运动能力，提高他们从事体育锻炼与欣赏体育比赛的能力，贯彻落实终身体育教育。这就要求从事高校体育教学的教师必须具备全面的知识结构（图5-1），既要熟知体育学科的基本知识和教育学的基本规律，还要掌握其他相关学科的原理与方法并做到熟练运用，最终通过良好的教育方法和技巧将自身丰富的理论知识与技术技能传授给学生，以全面提高其身心素质，促进其健康发展。

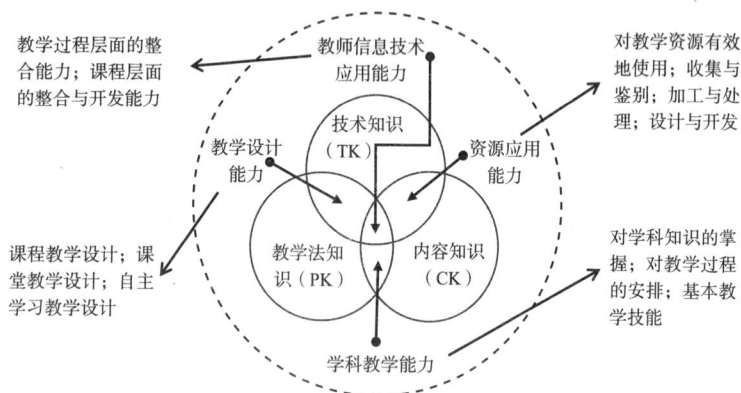

图5-1　现代高校体育教师所需具备的知识结构

3.有良好的身体素质

在高校体育教学中，身体练习是最为基础的教学形式，且活动量大、活动时间长，而且还需定期组织运动会、带领学生参与体育赛事以及开展各类体育教学活动，这些均对体育教师的身体素质有着较高要求。此外，高校体育教育的对象是朝气蓬勃的青年学生，体育教师作为体育教学的引导者，势必需要具备强健的体魄和良好的身体素质才能够得到他们的喜爱与支持。由此可知，具备良好的身体素质是一名合格的高校体育教师的基础，也是其顺利开展体育教学与体育科研活动的重要动力。

4.具有一定的科研能力

在体育学科领域，相较于其他阶段的体育教师，身处于高校中的体育教师往往担子更重，他们还担负着一定的科研责任，需参与一些体育科学领域的相关科研工作或对研究做一些辅助工作，以推动高校体育教学的持续发展。

（二）体育教师的类型

1.擅长教学的教师

无论是基础教育阶段还是高等教育阶段，以教学见长的教师，他们的教学效果一般较好，并且深受学生的喜爱和认同，这与他们自身所具有的教学能力和教学智慧是密切相关的。擅长教学的教师都有一定的共性特点，主要体现在以下三方面。

第一，热衷于教育事业，关心、爱护且重视每一个学生。

第二，有良好的课堂把控能力，善于营造积极的课堂氛围。

第三，能够在积累许多教育理论和实践经验的基础上，将知识在教学中充分发挥，以此充分调动学生的学习热情，引导他们积极主动的思考、学习，激发其学习上的潜能。

2.擅长科研的教师

随着社会发展的日益加快，体育教学的职责愈加重大，在推动国民综合素质提高、实现体育强国等方面有着不可推卸的责任。与此同时，对高校体育教师的素质要求也就有所提高，他们不仅要能够"上好体育课"，更要在体育科研领域有所作为。近年来，涌现出一些拥有较高科研能力的教师，即"科研型"教师。这类以科研为特长的教师同样具备一些显著的特点，具体如下。

第一，具备能自觉学习高层次现代教学理论，研究较高层次的教研课题。

第二，拥有敏锐的洞察力，能精准定位教育中的重点、难点问题，并愿意深耕于此，对其进行深度的研究和探索。

第三，具备较强的将理论与实践相结合的能力，既能够上好体育理论知识课，也能够引导学生完成课内、课外的体育活动任务，在此过程中通过理论引导实践，又借助实践完善理论，在这两者的不断交流、融合与渗透中，逐步提高自身的体育科研教学水平，形成自己独有的研究风格。

由上所述，可知擅长于科研的体育教师在现代体育教学中具有不可替代的重要意义。但，他们常常被一个问题所困扰，即如何去平衡科研与教学。众所周知，科研需要投入大量的时间和精力，且科研工作不是一时兴起，往往需要长期、持之以恒地坚守，一旦中断，要么效果不佳，要么前功尽弃。而高校体育课程，却有着固定的课时、课堂任务、学分等硬性要求，教师不得不遵守。毫无疑问，这些造成了科研教学与基础教学之间的矛盾。因此，醉心于科研的体育教师，常常在基础教学中表现不佳，这使得如何分配自身的时间和精力显得更为重要，否则教学和科研工作都将受到干扰。

3. 复合型教师

"复合型"教师是指教师在知识结构方面由至少两个不同质的学科知识群组成，在智能结构方面由跨学科的多种能力聚合而成。无论是教学型教师还是科研型教师，总有各自的长处和不足，但国民对体育教育的期待以及社会对教师的要求却在不断提高中，这也就使得复合型教师应运而生，他们的知识和技能较为全面，能够更好地适应体育教学的高要求，也可以满足国民对于体育教育的殷切期盼。但就目前来看，这类教师的数量较少，未来还应培养出更多的复合型体育教师，以便于引领我国体育教育的蓬勃发展。

二、体育教师的管理内容

（一）体育教师管理机制的建立

1. 约束管理机制的建立

常言道，国有国法，家有家规，正是因为有了一定的约束，社会生活的方方面面才能有条不紊地进行着。对于身兼教育重担的高校体育教师而言，为其构建一套完善、全面的约束管理机制，有助于规范其教学行为，促使其更好的达成教学目标。当然，遵守相关的约束条例也是每一位高校体育教师理应履行的责任和义务，更是其教学基本素质和教学水平的体现。

高校体育教师约束机制主要包括以下内容。

（1）时间约束

一名合格的高校体育教师，必须遵守时间的约束，即按照规定的时间上课、下课，既不迟到也不拖堂，且充分利用课堂内的有限时间，让学生能够学有所得，学有所成。为此，学校应监测教师的上课秩序，并统计好监测结果，将其纳入教师教学考评项目中。

（2）言行约束

教师是教育的主导者，应注意自身的一言一行，以起到良好的垂范作用，且关心、爱护、尊重学生，也是每一位合格的体育教师理应具备的职业品德。授课过程中，体育教师的言行举止正是其文化修养、专业水准的直接体现。体育实践是通过学生执行动作来完成的，教师需要使用各种有效的组织方式和教学方法来调动他们练的积极性，因此，每一位体育教师都应该是体育运动的指挥家和鼓动家，有指挥调动学生完成各种练习的能力。课堂上体育教师要用自己高超的技艺和丰富的语言对学生进行教育，时刻关心学生、爱护学生，不说粗话，干脏活、不体罚、不动粗。可以通过听课和收集所教学生的反映意见，评价教师教学质量，并通过这些意见对教师的教学方法进行及时指导、纠正。

（3）着装约束

在高校体育课堂中，为保证好学生的安全以及圆满地完成教学任务，各体育教师应当做学生的表率，穿上简单大方、舒适柔软、透气性强的运动服。体育教师在授课时穿上运动服，不仅能够显示其良好的精气神，在施展动作时还能够彰显出一张一弛的姿态美，此外，这也是其顺利组织完成教学任务、减少运动损伤的重要基础。为此，学校可随时考察体育教师的着装情况，并将之记录好，以便后期纳入教学评估的结果中。

（4）教案约束

教案是教师顺利、高效开展教学活动的基础，虽然体育课堂较为特殊，授课过程中体育教师不必手捧着教案，但这并不意味着体育教案不重要，而是要求体育教师在课前熟练掌握好教案内容，以便于在课堂中脱稿也能够自如地运用。为此，学校可定期、不定期地现场检查上课教师的教案，并以此为依据评价其教学质量。

2. 激励管理机制的建立

激励是教师管理中的一项重要内容，它通过一定的方式和方法激发教师的教学动机，使其在教学过程中更为积极主动，并鼓励其不断追求创新，促使体育教学的质量得到稳步提升。

（1）激励教师编写教学教案

体育教师要将体育课上好，好的教案是不可或缺的，当然写出合适的教案也是每一位教师所应具备的基础能力。高校若要激励体育教师出色地完成教案编写的任务，可选取一些典型的教案作为模板，让体育教师在模板的基础上改进、优化，编创出带有个人特色的体育教案，然后甄选出优秀作品，给予一定的奖励，并将最终结果纳入教师的教学考评中。

（2）激励教师提高教学质量

教学质量的持续提高，是开展一切体育教学活动的出发点和立足点，也是所有体育教师理应承担的责任与义务。为了确保体育教师的教学质量，高校可以使用集体评课、举行公开课等形式激励教师钻研组织教法。

（3）激励教师提升自身素质

一个教师的素质高低，往往体现在其教学过程中的方方面面，影响着教学的内容、方式和效果。因而，高校也应当重视提高体育教师的素质，使其不仅能够完成基本的体育教学任务，也能够胜任更高水平的教学任务，如促进学生的全面发展、助力体育科研项目等。而体育教师的素质提升没有捷径可走，唯有长期的积累以及持续不断的辛勤付出，才能够获得知识与技能的成长与进步。现阶段，可以根据学生身体素质测评、运动员比赛名次、教师公开发表论文数量、教师获省级以上奖项等对教师的素质进行综合测评，并积极创设条件鼓励体育教师提高自身素质，如可以通过健全竞聘上岗、教师挂牌上课、学生选教师上课等激励机制，从中选拔出优秀的体育教师给予其适当的升职加薪等奖励，同时，处罚或者淘汰那些表现不佳的，以此实现高校体育教师团队的不断优化，让教师在机遇与威胁中不断成长。

（二）体育教师的编制与组织管理

1. 体育教师编制的制定

于高校体育教学而言，科学、合理的体育教师编制是其正常开展各项体育教学活动的基础。而制定出合适的体育教师编制，也是高校体育教师管理的首要工作任务。若编制过少，高校体育课堂的数量和质量均难以得到保证；若编制过多，又容易造成人员的冗余，浪费学校的人力、物力和财力。在高校体育教师管理中，可依据以下几方面科学制定高校教师编制。

根据国家教育部颁布的《学校体育工作条例》制定高校体育教师编制。

根据高校体育教师所承担的体育课教学、课外群体活动、课余训练竞赛等教学工作量的总和来制定体育教师编制。

通过"师生比"以及本校的教学工作量制定体育教师编制。

2. 体育教师组织管理规定的制定

构建职能齐全的高校体育教师管理机构，制定完善的体育教师管理规定，加强和落实各部门的职责分工，是高校体育教师管理工作的一项重要任务。一般而言，高校可从以下几方面着手逐步规范体育教师的组织管理过程。

第一，鼓励"能者上，平者让，庸者下"和多劳多得。

第二，对体育教师应承担的教学工作量和科研工作量建立量化评审指标体系。

第三，管理规定应体现民主原则，同时做到量化、评聘的公开、公正。

（三）体育教师工作量计划的制定

高校体育教学活动的正常开展，离不开科学的体育教师工作量计划的推动，且行之有效的工作量计划也是学校体育教学资源合理分配的基础。鉴于此，高校必须要制定好体育教师工作量计划，并将这一计划的制定与执行情况纳入高校体育教师管理工作中，以实现体育教师资源最优化地分配，充分发挥每一位教师的个人价值，使其在工作中承担合理的工作任务，使不同的体育工作量任务被合理分配，以确保高校体育课能够开足（课时数量）、开好（课堂质量）。一般而言，高校在制定体育教师的体育课时工作量计划应全面考虑以如下几项内容。

第一，全日制在校学生、继续教育学生的必修、选修体育课。

第二，课外群体活动指导、课余训练工作。

第三，校内外体育竞赛活动。

第四，各种关于学生的"达标"测试等。

（四）体育教师的培养、培训与考评

1. 高校体育教师的培养

（1）体育教师的培养目标

高等师范院校和体育专业院校对体育教师的培养目标具体如下。

①熟练掌握本专业基础理论、基本知识和基本技能。

②熟练掌握马克思教育理论。

③具有一定的科学研究能力。

④具有分析、解决问题的能力。

⑤具有从事教育和体育教学工作的能力。

⑥具有阅读外文书刊的能力。

⑦广泛了解与本专业有关的科学新成就。

（2）体育教师的培养原则

①群体优化原则：即高校在培训体育教师时，应从全局出发，有计划地培养。具体而言，高校在开展各项体育教师的培训活动时，应立足于整个体育团队的优化发展上，使团队中所有成员的素质都得到一定程度的提升，以每一个人的全面提高带动团队的大发展。

②定向培训原则：高校在明确体育教师的工作岗位后，应组织定向培训，以满足实际工作的需求。在培养体育教师时采用这一原则的优势是，将培训与实际的教学工作有机地结合起来，有利于专业对口、学以致用，使培训的效用最大化。但在高校在开展定向培训时，应把握好体育教学的特点以及各体育教师的个人发展需求，使培训的内容和形式更为科学、合理，确保体育教师的相关技能水平能得到补充、培训、更新和提高。

③目的性原则：高校体育教师往往需要跨学院、跨年级甚至跨学科教学，还需承担校园体育活动、校际体育竞赛、国家体育科研项目等工作事务，因而教学任务相当繁重。这就要求高校在组织培训时，注重效率，在有限的时间中，有目的地提升体育教师的能力，如每一次培训着重解决某一类教学问题或者着重锻炼教师的某一种教学技能。

④系统发展原则：高校体育教师的培训工作应视作一个系统的

工程，培训的内容和形式应当与时俱进，注重引入当前最为先进的技术手段、科研成果等全新的元素，使教师的综合素质能够得到不断改进和完善。再者，高校在设计培训计划时应综合考虑各种影响因素（如各教师的工作安排、家庭计划、社会关系等），加强培训的灵活性，使培训尽量不影响教师正常的教学、家庭生活、社交友谊，以确保教学的效果。

（3）体育教师的培养模式

当下，国内高校在培养体育教师时常用的培养模式有三种，分别是"运动型""理论型""一专多能型"，具体内容见下表5-1。

表5-1　体育教师的培养模式

体育教师的培养模式	特点
"运动型"培养模式	要求体育教师运动经历丰富，运动技术水准较高，但基本知识、理论水平和社会适应能力较差
"理论型"培养模式	要求体育教师具有较低的专项运动技术水平，但理论水平、基本技能和社会适应能力却较强
"一专多能型"培养模式	要求体育教师有技术专长，掌握多种技能，具有良好的社会适应能力

（4）高校体育教师培养课程设置

高校体育教师培养课程的设置可分为国家类课程、专业基础课程、专业理论课程、专业技术课程及专项训练、实践类课程。此外，师范院校较注重教育类课程，以示范性为重点；而体育院校则更关注体育类的课程，增设了多个学科门类，以教学性为主。

2.高校体育教师的培训

（1）体育教师的培训目标

①强化职业信念，提高思想政治素质和师德修养水平。

②建立一定的现代教育意识、观念。

③掌握本学科专业理论和教育理论，熟知体育教学规律和学生学习规律。

④掌握基本教学技能和现代教育技术，并能灵活运用。

⑤掌握教育科研方法，能开展教改实验和理论研究。

（2）高校体育教师的培训方法

目前，国内高校体育教师的培训方法主要有四种，具体内容见表5-2。

表5-2　高校体育教师的培训常用方法

序号	方法	目的	培训形式
1	定期轮培	使教师能够与时俱进，不断输入新的知识、掌握新的技能	1. 举办培训班 2. 组织专业性的讲座
2	学术研讨会	为教师提供一个相互交流、学习的平台，逐步开阔其视野	开展学术研讨会
3	委托代培	1. 促进教师知识和技能的补充与更新 2. 提升教师的专业技能	1. 向高等教育单位申请代培 2. 向专业的培训机构申请代培
4	考察学习	1. 开阔教师的视野 2. 丰富教师的教学经验 3. 引发教师教学思路和教学手段上的革新	1. 国内的考察学习 2. 国外考察学习

上表所述的四种体育教师的培养方法，正是时下我国各大高校体育教师管理中所广泛运用的，但在具体实施过程中，会因高校的发展目标、师资力量、师生特点等方面的差异而各有侧重，因此培训也凸显出各自的特色。

（3）高校体育教师的培训模式

高校体育教师的培训模式主要三种，具体内容如下。

①岗前培训（主要适用于对新教师的培训）：一般而言可借助以下两大途径实现，第一，由教师进修学校或师范院校对新教师进行脱产培训；第二，组织培训班，指定老教师传授、帮助、带动新教师。

②校本培训：立足于学校和教师的实际需求，将教育科研与教育教学实践紧密结合起来，其优点是能够较好地维持体育教学的秩序，因而其运用较广。

③院校培训：以学位课程培训和短期进修培训为主。学位进修耗时较长，至少在 1 年以上；而短期进修耗时较短，有时培训 3—5 天即可。

（4）体育教师培训课程设置

为体育教师设置科学合理且全面完善的培训课程，是高校确保体育教学工作顺畅开展的基础，也是满足体育教师个人发展需求的最佳途径。

3. 高校体育教师的考评

对教师进行客观的考评是高校体育教师管理的一项重要工作，要想实现体育教师考评的客观、公正，就必须建立健全与之相配套的管理制度，包括岗位责任制、工作量制度、业务档案管理制度和考核奖惩制度等。

（五）体育教师的引进及学术交流

就目前来看，国内体育教师的学历水平普遍偏低，远不及其他学科和谐、均衡，鉴于此，高校应当注重体育教师的引进，积极参与或开展与体育教学相关的学术交流活动。具体而言，高校可从以下两方面着手。

第一，根据学校体育教师的定编、老教师的自然离退休、某一项目或某一课程的需要情况等，有计划地引进高层次的体育专业教师。

第二，根据本校制定的学术交流有关规定，合理安排经费情况，鼓励体育教师参加学术交流活动，有条件的还可以邀请国内外体育教育领域的专家学者来校讲座，积极引进国内外一流的、先进的体育教学方式和手段，以推动本校体育教师队伍的整体素质。

三、体育教师的可持续发展

（一）关爱教师、满足教师需求

满足高校体育教师的需求，稳定教师队伍是高校体育教师可持续发展的基础，对此，高校领导及有关部门应重视体育教师的实际情况，时刻关注他们的需要，在必要时伸出援手，尽力帮助他们克服工作与生活中的困难，使其能够全心全意地投入到体育工作中，为高校体育教学的发展与进步做出应有的贡献。一般而言，高校可从以下三方面着手。

第一，全面提高体育教师的政治思想素质。

第二，切实提高体育教师的收入，满足教师的合理需求。

第三，为体育教师创造良好的教学、科研环境，实现人尽其才，才尽其用。

（二）优化体育教师的学历结构

当前，促进教师的相互促进和成长是实现高校体育教师可持续发展的重要途径。高校在体育教学管理中，应做到如下几点。

第一，从源头处解决高学历体育教师资源紧缺问题，加大体育专业研究生和博士生的招生培养数量，以改善人才结构，优化教师队伍。

第二，建立高校体育教师的档案，通过多种渠道、多种措施为高校体育教师的培养和培训提供机会，促进高校体育教师的教学知识和教学技能的稳步提升。

第三，完善高校体育教师的进修和管理机制，让校内的体育教师能够平等的获取进修学习的机会，并以制度和资金补助等形式给予其进修保障，使其能够心无旁骛地投入到教学与科研工作中。

（三）重视青年体育教师的培养

高校为了满足自身体育教学发展的需要，总是定期引入一些新鲜的血液——青年体育教师。这类教师初出校园，朝气蓬勃，身体素质良好，知识和技能水平较高，学习能力也较强，也想要在体育教育领域有所建树。但碍于教学经验不足、情绪控制能力差等原因，在体育教学过程中常显得束手束脚，教学成效也一般。因此，如何培养青年教师，使他们尽快提高自身素质，适应学校教学要求，高质量地完成教学任务，促进高校体育学科教师队伍建设的可持续发展，成为高校体育教师管理中亟须解决的问题。再者，随着教育改革的进一步深化，对于高校体育教师的素质要求又有所提高，因此高校更应当重视对青年体育教师的培养，让其更好、更快地胜任本职工作，成为引领高校体育教学创新发展的主要力量，为我国体育事业的发展积蓄力量。

（四）加强体育教师的管理改革

为打造现代化的体育强国，我国各大高校必须突破过去被计划经济体制束缚的体育教师管理模式的弊端，努力构建一个开放、多元且极具现代特色的体育教师管理模式，以促进国内高校体育事业的蓬勃发展。高校在体育教师管理的改革过程中，可重点推进如下工作。

建立健全高校体育教师的自我约束机制、竞争激励机制，使师资队伍进入良性循环轨道。

继续完善高校体育教师的考核管理体系，强化体育教师的职务聘任、岗位责任和考核。

加强对青年教师的师德和责任心教育，重视对新上岗的青年教师的岗前培训、提高体育教师的入职标准与质量。

第二节　教学对象管理

一、高校学生概述

（一）高校学生的身心发展特征

1.高校学生生理发展特征

（1）身体形态发展特征

身体形态是指身体的外部形状和特征，包括人的体格、体型和躯体仪态，通常可借助一些较为精确的长度、体重及其相互关系来表现。人的身体形态是可变的，而这一变化往往是伴随着年龄的增长而逐步加强的，个人改变的形式以及程度大小主要受遗传、外部环境等因素的影响。因高校中的学生来自五湖四海，且先天和后天条件皆存在一定差异，因而其身体形态表现出诸多的不同之处，但总体而言，人类身体形态的发展存在一定的共性，也是有规律可循的。

具体而言，国内高校学生的身体形态的发展呈现出以下两大特征。

其一，呈现出波浪性和阶段性特点。高校学生身体形态发育的总体趋势是初始阶段速度很快，后期速度逐步变缓，其中有两次高速增长期。第一次高峰出现在胎儿到出生后的第一年内，后增长速度逐渐减慢，保持相对稳定的速度直到青春期；第二次高峰出现在青春期，随后增长速度逐渐减慢，直到成熟为止。

其二，不同学生间存在差异。如男学生和女学生在身体形态发育上有较大差别，发育的速度和时间也不一致；又如，不同饮食习惯、不同运动爱好的学生在身体形态的发育上也有着显著不同。

（2）身体机能发展特征

身体机能是指人的整体及其组成的各器官，系统所表现的生命活动。身体机能的发展主要涵盖了如下几项内容。

①神经系统的发育：进入高校的学生，其神经过程的抑制阶段已基本完善，具有较好的逻辑思维能力，后期随着时间的推移，其神经系统的兴奋与抑制功能将逐步达到均衡，逻辑思维能力、综合分析能力等均随之提高，大脑结构和技能达到成人水平。

②骨骼肌肉系统的发育：高校学生的长骨增长基本稳定，骨的弹性大，关节囊、韧带延展性好，结构也较为坚固；骨组织内无机盐增多，水分和有机物减少，骨密质增多，骨骼变得粗硬；肌肉长度和横断面积增加，肌肉力量和耐力较好。

③呼吸系统的发育：高校学生的呼吸系统发育较好，胸廓大，肺容积、肺活量大，呼吸肌发育完全，呼吸的频率变缓、呼吸的深度变大，能够自如地调节呼气与吸气。

④心血管系统的发育：高校学生的心脏发育状态与一般成年人无异，心收缩力强，心率减慢。

（3）身体体能发展特征

身体体能是指身体的各项素质，如速度、协调性、灵敏性、爆发力等。高校学生在体能的发展上也呈现出一些显著的特点。

①身体体能的发展与身体形态和机能的发展趋于一致，表现出较为明显的波浪性和阶段性，形态、机能发育基本稳定，身体体能到达高峰。

②不同个体身体体能的发展存在差异，一方面，男学生和女学生在体能上的发展速度不一样，男学生快于女学生；另一方面，各项体能的发展速度以及其发展顺序均不一致。

（4）性发育特征

性成熟是青春期最重要的变化之一，它包括生殖器官的形态发育、功能发育和第二性征发育等。进入高校的学生，其性发育处于成熟阶段，但对于性知识的了解往往较少，因而高校体育教师在授课过程中要引导学生正确看待自身的性发育特点，在与异性接触时冷静、大方，并鼓励他们主动融入集体生活中，广泛参与各项社团活动、校际体育赛事，推动其身体素质与心理素质的良性、健康发展。

2.高校学生心理发展特征

（1）认知发展特征

一般来说，人的认知水平会随着年龄的推移而逐步增长，总体而言，是向着更高、更复杂、更深层次发展。而高校学生，结束了义务教学阶段，在学习和生活上均获得了较大的自由，身心发展也处于快速发展时期，因而其认知的变化更为明显。具体表现在以下方面，感知能力、运动知觉大幅度提高，逻辑占有相对主导的地位，有意注意力发展显著，自觉性和灵活性也有所增强，综合分析能力也有了较大的提升。

（2）学习能力发展特征

随着年龄的增大，高校学生在学习上的态度、情感倾向和能力等均有了明显的变化，并凸显出一定的特点。具体而言，体现在学习动机加强、学习兴趣更为广泛、学习主动性提高、更为关注学习的效果和教师的反馈、能够独立自主地学习等方面。

（3）情感和意志发展特征

迈入高校之后，学生在生活上、学习上有了更多的自由，但也需要独立去面对校园生活、社会生活中的酸甜苦辣。经历各项实践活动打磨之后的高校学生，情感和意志都得到了一定程度的发展。情感，指人们对客观事物的态度体验和相应的行为反应；意志，指人们自觉地克服困难来实现预定的任务的心理过程。这两者是衡量个体心理发展程度的重要指标。高校学生情绪稳定，能很好地控制自己的情感；独立性、主动性和韧性强，道德感、理智感达到较高水平，意志品质发展迅速。但不可否认的是，不同个体在情感和意志上有着较大差异，因而，高校学生在情感和意志发展方面呈现出千差万别。

（二）学生体育学习能力研究

一般认为，体育能力学习是学生在体育课堂中顺利完成体育学习活动的个性心理品质的获得和内化的过程。此处主要对学生学习动作技能的相关能力进行重点阐述。

1. 运动感知的能力

感知，即感觉和知觉，这两者的认识过程虽不尽相同，但它们都受大脑的控制，是事物映入大脑之后，在大脑的直接操控下所形成的事物反应，同属于感性认识阶段，即认识过程的第一阶段。一般而言，个体在形成运动感知能力时需具备以下条件：

①外界的刺激，譬如，处于移动状态的事物、维持稳定静止状态的活动器械以及学生自身的运动等；②人体的感觉器官，例如眼睛、前庭器官以及肌肉与关节中所含有的感受器。学生在学习各类运动技术时，都是建立在本体感觉的基础之上，而这也正是学习体育与学习其他学科的最大差别所在，在进行体育学习时以身体活动的形式为主，而其他学科则侧重于思维活动。

2.运动表象形成的能力

表象反映的是人脑过去感知过的事物形象。形成表象的基础是感知，人在脑中对感知得来的信息进行加工，从而形成感性形象的过程，而这一过程也就是表象的形成过程。

通常，在学习一项新的体育技能并对此项技能进行加强巩固的期间，学生动作表象的形成极为关键。高校体育教师在传授体育知识与技能时，一般借助运动概念和运动表象来实现，即体育教师将相关的技能知识以言语分析、分解示范、播放视频、观看技术分解图等形式将其传播给学生，然后学生对该项技能进行模仿训练，在练习中正确而清晰的运动表象在大脑中不断形成，以此来对动作技术与技能进行具体掌握。

3.身体平衡的能力

学生在施展各种技能动作过程中，其身体却始终能够维持较为稳定的状态，这全有赖于身体的平衡能力。它是身体各器官、系统与运动部位相互配合，相互协调，顺利完成动作技术的能力，也是运动技能得以形成的一大关键要素。不同的学生其平衡能力并不相同，这是因为平衡能力受到诸多因素的影响，如遗传、成长环境、体育锻炼习惯、心理素质等，学生在以上方面各有差异，因此其平衡能力也不尽相同。而这就要求高校体育教师在培养学生的平衡能力时，应依据学生的个人特点以及当前的平衡能力采取多样化的训练。

二、大学生管理的内容

（一）体质健康管理

增强学生体质是学校体育教学的根本任务和主要目的。就当前的现状来看，我国高校学生的体质状态明显不佳，较过去而言，多项健康指标量均有所下降，且未来其降幅仍有扩大趋势。这也给国民敲响了警钟，无论是国家领导、教育部门、体育部门、学校，还是体育教师、家长和学生，都应当充分重视对体质的锻炼增强。鉴于此，在体育教学过程中，必须采取必要的措施和手段加强学生的体质与健康管理。具体而言，可从以下方面着手。

1. 健全组织机构

为了确保高校的体质健康管理工作能够高效、科学、有序地开展，校内必须设立一个独立的体质健康检测组织机构，负责定期对学生进行全面的体质健康检查（如身体形态发育水平、身体素质、基本运动学习能力等）、组织体质健康知识讲座、开展与体质健康相关的各项趣味性活动。

2. 建立管理制度

学校相关部门应建立与健全学生健康管理制度，定期检查学生的体质水平，并将检查结果纳入学生档案。此外，针对体弱、伤残的学生还应建立专门的体育活动制度，开设体弱、伤残体育与保健康复体育课程，确保此类学生也能够平等的享受体育教育的福利，从体育锻炼、体育赛事活动中收获益处，从而逐步提高高校学生的整体体质健康水平。[①]

---

① 刘一平. 当代大学生体质健康与促进 [M]. 北京：科学出版社，2015.

3. 加强健康教育

掌握一定的健康知识，对于预防疾病、规避不良生活习惯带来的消极影响、增强体质等方面均有较为积极的作用。因此，高校应注重健康知识的教育与宣传工作，如开设与健康有关的选修课、定期举办与健康有益的活动、发行有关健康知识的校内期刊等，普及一些基础的营养保健知识、疾病防治知识以及良好的生活与卫生习惯知识。

4. 建立健康档案

高校应为每一位学生建立体质与健康档案，并委派专门的部门或人员管理，及时将体质与健康的检测与评估结果写入档案中。此外，档案管理应当严格（专人保管）、科学（分校区、分年级、分班、分人整理），既能够方便有关人员随时查阅，又不暴露学生的个人隐私。

5. 科学检查评估

体育教师和学生体育管理工作者应定期、不定期地开展体质检查评估工作，深入分析和研究学生的体质与健康状况，以便于及时发现问题，并妥善解决问题，让学生的体质健康状态始终维持在稳定可控的状态。

（二）教学组织形式

时下，我国各大高校的体育课堂主要的教学组织形式包括两种，一是班级教学，二是分组教学。就实际情况来看，两种形式都收获了不错的成果，推动了高校体育教学的发展。

1. 班级教学

班级教学（也称班级授课制），即以班为单位，对班内成员进行同时教学，它是现今体育课堂教学的最基本形式。

班级教学的优点：班内成员众多，学生之间可以互帮互助、协同合作；教师可同时教授多名学生，教学进步有了保障，工作效率也有所提高；教师可掌握班内所有学生的体质健康状况，方便其实现有效的课堂管理。

班级教学的缺点：不能充分地适应学生的个别差异，无法照顾他们的兴趣、爱好和特长；不利于学生探索精神、创造能力和实际操作能力的培养。

2. 分组教学

分组教学，即以一定的划分依据（如学号、性别、随机形式）将学生划分为多个小组，然后教师以小组为单位开展指导教学工作。在教学实践中，分组形式的优势主要有二：保留了班级教学的长处；有效地克服了班级教学的"笼统对待学生"的弊端，体育教师可根据各小组的特点，灵活调整教学方案，采取更具针对性的教学指导。此外，在具体的分组教学中，教师可为每一小组选定一名组长，可采取指定、推荐、自荐等形式明确，以增强团队的凝聚力，发挥组长的模范带头作用。

现阶段，在高校体育教学中既要进一步完善班级教学，也要重视实行分组教学，以弥补班级教学制的不足。

（三）课堂纪律管理

课堂纪律是体育课堂教学效果的重要保证，因此，抓好学生的体育课堂纪律是提高教学水平的关键。

1. 严格要求学生

（1）要求学生在体育课堂中，穿上简单、舒适、透气性好的运动类鞋服。

（2）要求学生上课前，将与课堂无关的物品集中存放，绝不可携带锋利、尖锐以及易碎的危险物品。

（3）要求学生在上课过程中保持绝对的安静，不可吵闹、随意交谈，有事必须打报告。

（4）要求学生在课堂中，不迟到、不早退，自由活动期间也不可离开既定活动范围，一旦听到指令应迅速放下手中的体育器械到指定地点集合。

（5）认真练习体育运动项目的基本动作。

（6）学生之间要团结友爱，互相帮助、互相提高。

2. 维持良好的课堂纪律

良好的课堂纪律是上好体育课的前提，因此，体育教师在体育课堂中一定要维持好学生纪律。

（1）教师应严格要求自己，注意自身的一言一行，做学生的榜样，积极培养他们的自觉意识。

（2）学校应制定标准化的课堂纪律管理规定，鼓励体育教师和学生共同遵守，并给予体育教师一定的纪律管理的配合与支持。

（3）体育教师应在每节体育课的结束部分，对学生的表现进行总结，促使学生养成遵守课堂纪律的好习惯。

3. 培养体育骨干

在体育教学中，培养体育骨干，充分发挥体育骨干对学生的号召作用，能协助体育教师搞好课堂纪律管理工作，从而提高体育教学的质量和水平。

4. 注意教学层次

高校体育教师在实际的教学过程中，应注意教学的层次，必须根据体育知识和技能的难易程度以及学生的身体素质、知识水平、学习能力等特点，设定科学、合理的教学目标。目标不可过高，当知识和技能超出了学生的理解范围，易打击他们的自信心，让其对体育活动产生厌恶、惧怕等不良情绪；目标也不可过低，没有难度的活动任务，往往难以调动学生的学习积极性，且易形成自由、散漫的不良习性。

（四）课堂教学控制

在体育实践中，为了使体育课堂教学活动按计划有条不紊地进行，体育教师必须认真掌控学生对于课程内容的接收情况，同时重视对课堂体育教学活动效果的监控，并随时对比分析当前已达成的目标与预期的教学目标，从中找出差异和不足。唯有如此，才能及时采取妥善的措施补过、纠偏，确保体育教学活动的正常、有序开展。

1. 课堂有效控制的基本措施

一名优秀的体育教师，往往能够掌握课堂的主动权，使各项体育活动有序、正常地开展，让课堂始终处于受控状态。通常，教师可从如下几个方面努力，加快教学进程或是纠正教学偏差，确保体育课堂的有效控制。

（1）不断优化授课的内容和形式，将学生的注意力牢牢吸引住。

（2）明确每一节课的教学目标，紧紧围绕这一目标开展各项体育活动。

（3）客观、科学地衡量教学实际达成的目标情况。

（4）认真分析教学偏差产生的原因，采取针对性的纠偏措施。

2. 对学生课堂违纪行为的处理

在体育课开始之时，教师就应当讲明课堂应当遵守的基本纪律，并告知学生如若违反了有何种后果以及惩处措施，这样可以有效避免或减少学生违纪行为的产生。当学生做出了违纪行为之后，教师可视情节轻重酌情处理，若是不小心而为之，提醒告知即可；若故意为之，则需要与之进行深入的沟通与交流，解决学生的不良情绪以及在活动中遇到的困难，增进师生间的情谊，让他们积极、热情地参与到体育活动中。

3. 对学生课堂偶发事件的处理

体育课堂中有许多复杂且难度系数较大的运动项目和技术动作，因而存在一定的安全风险，即使上课之前体育教师已根据自身经验为每一堂课做出了周密、严谨的安排，也对一般事件的发生采取了预案准备，但仍旧无法避免偶发事件。在体育教学过程中，一旦遇到偶发事件，体育教师应沉着、冷静的应对，及时采取妥善的处理措施，争取将伤害降到最低。

（五）课外体育活动管理

1. 需要性原则

对于学生是否参加课外体育活动，体育教师一般不作强制性要求，但为了引导、鼓励学生多多参与其中，在课外活动管理中应注重需要性原则，即从高校学生参与课外体育活动的需求出发，设计能够满足其实际需求的课外活动项目，以诱导他们产生主动参与的强烈愿望。高校学生的课外体育活动需要主要包括：提高技能、强健体魄、塑形减肥、发展人际关系、丰富课外生活……因此，体育教师在设置课外活动时，应加大对上述需要的满足。

2. 多样性原则

高校学生在兴趣爱好、个性特点、体能素质上有着诸多不同，因而在选择课外体育活动也会各有侧重点，如有的喜欢较为舒缓的乒乓球、羽毛球；有的喜欢比较激烈的篮球、足球；也有的喜欢具有趣味性的拔河、定向越野；还有的喜欢青春活力的健美操、瑜伽……因此，体育教师在设计课外活动的内容和形式时，应注重不同学生的不同需求，尽可能开发多种多样的既能够锻炼身体又能够愉悦身心的体育项目，让学生积极、主动地参与其中。①

3. 指导性原则

在体育教学实践中，教师应承担起自身引导者的职责，用自身的丰富经验以及娴熟的技术技能，帮助学生挑选到合适的运动项目，指导他们安全、有序地参与学习、训练，从而达到强健体质的目的。

4. 可行性原则

高校体育教师在设置课外体育活动项目时，不仅要重视、尊重学生的实际需要，更要全面考量学校的实际情况，切不可盲目开展，否则容易造成资源的浪费。就当前的现状来看，各高校体育锻炼的基础设施得到了较大程度的完善，能基本满足学生的体育需求，且很少出现闲置的体育设备，资源的使用频率较高。

5. 激励性原则

为确保高校学生参与课外体育活动的积极性和主动性，科学、合理的激励性政策和手段是必不可少的。正确的激励方式可以激发学生参与体育活动的兴趣与积极性，引导他们养成定期锻炼的好习惯。

三、高校学生的体育素养培养

在高校学生的素质教育中，体育教育是一项不可或缺的重要环节，没有强健的体魄以及良好的身体素质作为支撑，很多学习、训练、研究活动的开展都将成为空谈。显而易见，若要确保学生

---

① 王炳吉. 游戏教学法在高职院校篮球教学中的理论探讨与实验研究 [D]. 石家庄：河北师范大学，2010.

素质教育的稳步推进，理应建立健全高校学生体育素质培养体系。

（一）学生体育素养目标体系构建

众所周知，体育活动最为突出的功能为强健身心。因而，高校在构建学生体育素养目标体系时必须充分考虑他们的身心需要，有针对性地采取措施和手段，更好地满足其合理需求，以使他们接受更为科学、合理的训练，稳步提高其身心素质。此外，也应承认并重视学生在体育素养上的差异，采用区别对待的原则合理施教，以推动所有学生全面和谐的发展。

高校学生体育素养培养的目标体系较为庞杂，包罗了丰富的内容以及众多要素，而这其中又以体育知识、体育意识、体育行为、体育能力、体育品德五项内容最为重要。

1.体育知识

掌握基本的体育知识，是有效、安全参与体育运动训练的基础。因此，高校学生有必要了解更多、更为全面的体育知识，通过与相关知识的"紧密接触"，进一步熟悉体育的含义及功能，培养自己正确的人生观和价值观，并形成良好的体育意识。具体而言，高校学生应注重把握如下体育知识。

掌握基本的体育卫生知识，如体育运动与营养、运动锻炼与健康养护等知识。

掌握基本的体育运动锻炼的方法，主要学习和了解体育运动的方法及规则，明确体育运动的概念、体育的实施方式和手段等。

了解体育学科与其他相关学科之间的关系，了解体育教学的组织形式、结构与方法，身体锻炼的原则，体质的评定方法等。

高校学生对上述体育知识有了一定的了解之后，在实际的体育运动中将更为得心应手、灵活自如，也将收获更为显著的运动锻炼成效。

2. 体育意识

个体的意识形成过程较为复杂，且受到诸多因素的干扰，如兴趣爱好、知识水平、思考方式、理解能力等均能对其产生不同程度的影响。而意识对人的行为有一定的指引作用，是指导人们积极主动、科学有效参与到实践活动中的强大动力，因此具备良好的体育意识就显得十分重要。高校体育教师在体育课堂以及各项体育活动中，应注重培养学生的体育意识，使其热爱体育，并愿意激情满满地投入其中，养成主动健身、规律健身的好习惯。

3. 体育行为

学生在体育训练过程中体现出的一切状态可统称为体育行为。养成正确、良好的体育行为是构建高校学生体育素养目标体系中的一项重要任务。一般而言，学生的体育行为也正是其体育个性的生动表现，那些在体育活动中始终保持着高昂兴致、饱满热情的学生，往往具备较好的情绪调节能力，他们积极乐观、自信大方，热衷于体育锻炼；而那些在体育活动中，表现出萎靡不振、兴致低迷的学生往往自我调节能力较差，对体育锻炼也不太感兴趣。因此，体育教师在教学时，应注意观察学生的体育行为，及时发现端倪，并妥善解决它，增进学生对于体育活动的理解，使之逐步热爱体育活动。

4. 体育能力

高校在培养学生的体育素养时，不仅要促进其身心的强健，也要注重巩固、强化其体育能力。具体而言，学生的体育能力是一种综合性的能力，它包括身体运动能力（如良好的体能和身体素质）、心理能力（如良好的情绪控制力）、参与各项体育运动所需具备的基本技能（如能跑、会跳）。它是学生从事体育活动的基础，也是培养和发展其体育兴趣的重要前提条件。

5.体育品德

体育品德，即学生在体育活动过程中表现出的稳定心理特征和个性倾向，见诸他们的一言一行中。学生的体育品德是在长期的体育实践活动中逐步形成的体育道德规范，主要受学校的文化氛围、教师的道德水平、自身的文化修养以及同学的道德品质等因素的影响。良好的体育品德不仅能使学生在运动场上互相尊重、和睦相处，也能够让他们学会团结合作、争取互利共赢，还能够有效提升其社会适应性，使其更好地融入更为广阔的社会生活。因此，体育教师在授课过程中应注重培养学生的体育品德，并做好表率，以自身良好的道德品行逐步去感化学生。

（二）学生体育素养评价体系构建

在具体的实践中，一般将学生的体育素养分解为8项一级指标，即体育知识、体育技能、体育能力、体育意识、体育行为、体育道德、体育精神和体育个性。对以上8项一级指标做进一步细分后，又可以设计出30项二级指标，具体内容见下表5-3。

表5-3　高校学生体育素养评价指标体系

一级指标	二级指标
体育知识	体育的作用与功能、体育锻炼的原理与方法、体育卫生保健常识、体育健康的测量与评价、专项体育理论知识
体育技能	基本体育运动技能、专项体育技能
体育能力	专项运动能力、体育认识能力、科学锻炼身体的能力、体育组织能力、体育观赏能力
体育意识	体育参与意识、体育评价意识、终身体育意识，奉献与效率意识
体育行为	体育活动内容、体育消费、体育锻炼时间、体育信息获取

续表

一级指标	二级指标
体育道德	体育道德风尚、体育行为规范、体育法规观念
体育精神	沉着果敢精神、竞争与创新的精神，团结协作与拼搏进取精神
体育个性	体育锻炼的态度和习惯、对体育的兴趣、对体育的动机、体育自信心

上表5-3所述内容，是国内体育领域的专家学者根据多年的体育素养培养的实践经验总结所得，它们基本涵盖了高校学生体育素养评价的所有内容。

第三节 师生关系研究

一、高校体育教学中教师的主导性

（一）体育教学中教师主导性的表现

1. 贯彻体育教学指导思想的主导者

体育教学的指导思想，并非一成不变的，它总是在不断地优化、改进中，以便于更好地适应社会需求，培养出更多高素质、高技能人才，全面提高我国国民的体质素质。而高校体育教师正是新指导思想的最早接受者和主要推行者。体育教学活动的顺畅开展离不开体育教师的科学指导，而其教学指导思想对体育教学实践有着重要的影响，几乎直接决定着体育教学的成效。相较于过去，现代高校体育教学中，体育教师的体育教学指导思想主要体现在两个方面：①体现在体育教材的内容中；②体现在体育教学的过程中。具体来说，体育教师对体育教学指导思想的贯彻主要体现在体育教学过程的准备阶段和实施阶段。

2.选择和加工体育教学内容的主导者

选择和加工体育教学内容是高校体育教师的一项重要工作，也是体现现代体育教师主导性的一个方面。在现代高校体育教学中，不仅涵盖了基础体育知识和技能的教学，还涉及一些正规的竞技项目，此类项目的教学难度较大，且内容十分庞杂，因而对于体育教师的素材甄选以及整理加工教材的能力有着较高要求。高校体育教师在选择和加工体育教学内容时，应综合考虑学生的需要、学科的要求以及社会对人才的需求，并将之有机地结合起来，选出一套知识全面、实用性强、高效的体育教材。

3.选择和运用体育教学方法的主导者

体育教学的成效几乎直接取决于体育教学的方法，因此，选择和运用合适的方法进行教学是高校体育教师所必须具备的一项能力。在现代体育教育中，体育教师承担着选择和运用体育教学方法的重任，在该项工作中起主导作用。现今，信息领域蓬勃发展，体育教材琳琅满目，其中更是包含着形形色色的教学方法和手段，但其质量往往参差不齐，有长处也有不足，极为考验体育教师的辨别与选择能力。但为了确保良好的教学效果，体育教师必须立足于教学目标和教学实际，灵活、巧妙地运用各种教学方法，积极创设各种教学情境，引领学生积极、高效地参与其中，推动高校体育教学的繁荣发展。

4.学生良好学习方式的主导者

教师这一行业，责任重大，承载着国家、学校、家庭、学生乃至社会各界的诸多期盼。通常体育教师对于学生的影响是方方面面的，不仅是其体育知识、运动技能的传授者，还是其价值观、审美观、学习方式和方法的塑造者。学生良好学习方式的养成，一靠个人的自觉；二靠教师的科学引导。体育教师经验丰富，在体育学习上自有一套行之有效的方法，因而可以给予其学生体育学习较为科学的指导，使他们在体育学习中更为积极、主动，成效也更为显著。

5.评价学生体育学习的主导者

在评价学生体育学习这一项工作中，体育教师同样起着主导作用，具体表现在以下方面。

第一，高校体育教师在体育教学实践中与学生近距离接触，并时刻关注其言谈举止以及具体的体育水平，在后期的学习评价中以此为依据，对其学习表现（如态度、成绩、发展空间等）进行科学的评价。

第二，高校体育教师在课堂中，随时关注学生的情绪变化、体育行为，在适当的时候给予其针对性的辅助，采取必要的奖励与惩罚措施，使体育活动的开展更为顺畅，学生的体育成绩得到明显进步。

6.创造优良体育教学环境的主导者

为学生营造出优良的体育学习环境，是高校体育教师在体育教学中发挥主导作用的又一大体现。体育教学与其他学科领域较为不同，它在教学环境上的要求更为严苛，不仅要求宽敞明亮、温馨舒适，还要求具备一定的激励效果以及较高的安全性。由此可知，对于一名合格的体育教师而言，拥有良好教学情境的组织和创设能力是十分必要的，这也是确保体育教育与体育学习有序开展的基础。

（二）体育教学中教师主导性的发挥

体育教师作为体育教学活动中的主导者，若要充分发挥自身的主导性作用，还需从以下方面着手。

1. 更新体育教学的观念

高校体育教师应紧跟时代发展的步伐，时刻更新自身的教学观念，不以学生的体育成绩"论英雄"或"论成败"，而应着重引导他们养成规律健身、终身健身的好习惯。在授课过程中，充分调动学生的学习意识和学习热情，深入挖掘其体育潜能，使他们能够积极地、富有创造性地学习，享受到体育学习、运动锻炼的成效和乐趣。

2. 熟知高校体育教材的内容

体育教师在授课过程中一般是脱稿教学，因而熟悉、领会体育教材的内容以及其背后深层次的学科意义显得十分重要，这也是教师在课堂之中灵活自如、游刃有余地发挥个人体育教学才能的基础。具体而言，体育教师在授课之前，理应掌握好下节课所要教授的教材内容，分清其中的主、次任务，明确教学的手段和方式，科学安排课堂进度，设置好与学生的互动内容，将自身、课堂、教学内容与学生有机衔接起来，确保教学目标的顺利达成。

3. 熟知学生的身心发展规律和特点

高校体育教师要想把客观的运动技能学习与学生主观的条件相结合，就必须充分了解学生的身心发展规律和特点，唯有如此才能因材施教，促进学生身心的全面、协调发展，推进高校体育教学的进程。在体育教学中，教师必须明确和熟知以下两点。

（1）学生具有统一性

高校学生虽然来自五湖四海，年龄、性格也不尽相同，但他们之间却存在着很多统一的特征，如身体发育特征、心智成熟度、体育学习经验等均大致相同，因此，体育教师应当了解、分析此类共同特性，以便充分利用、满足学生的共性需求，提高教学的效果。

（2）学生具有差异性

学生因家庭背景、学习能力、运动习惯、兴趣爱好等方面的不同，造成了显著的个体差异，体育教师既要重视也要尊重这些差异，以便于教学中"对症下药"，满足不同学生在体育学习上的个性化需求，从而让所有学生得到平等的发展机会。

二、高校体育教学中学生的主体性

（一）体育教学中学生主体性的表现

近年来，学生在教学活动中的主体地位逐渐凸显，他们的主观能动性得到了较大程度的调动，改变了以往被动式地接受体育教师知识和技能的灌输和培养，而是在欣然接受教师的科学引导下，积极、主动地参与到各项体育活动中，富有创造性地完成体育学习与运动训练任务。

1.学习的自主选择性加强

相较于过去，现代体育教学给予了学生在学习上更大的自主选择权力，具体体现在以下两方面。

（1）在学习内容的选择上有了更大的自主性

即学生可根据自己的兴趣爱好、身体特点、时间条件等自由选择学习内容，如选择自己擅长的或者感兴趣的体育活动项目。给予学生在体育教学内容上的较大自由，有助于充分调动其学习热情和积极性，推动其学习目标的明确化、清晰化，提高体育活动的参与度与成效。

（2）在学习方式的选择上有了更多的自主性

即学生可选择最适合自己的体育学习方式，逐步摆脱固化、单一学习方式的束缚，这对于其体育学习积极性以及体育潜能的激发大有益处。

2.学习的能动性加强

学生在学习过程中的能动性表现在他们积极地参与体育活动，并能以自己现有的体育知识经验、认知结构和情意结构主动地同化外界的教育影响，对它们进行吸收、改造、加工或加以排斥，使新、旧体育知识相互交流、融合。

3.学习的独立自主意识加强

随着课程改革的进一步深化，高校学生在体育学习上的独立自主意识有了显著加强，具体表现为，他们对体育学习活动有了自我支配、自我调节以及自我控制的渴望，并努力将之付诸实践，如创新学习方式、灵活调整学习的内容、主动寻找体育学习的合作伙伴。

（二）体育教学中学生主体性的发挥

在新的时代，体育教学理念有了一定的变化，要求体育教师在教学中奉行"以人为本""健康第一"的理念，平等地对待每一位学生，关心、爱护并尊重他们，充分发挥其在"学"方面的主体性。鉴于此，体育教师可从如下方面努力。

1.促进"教"与"学"目标的和谐一致

在高校体育教学中，教师的授课目标应与学生的学习目标相符并尽量保持一致，唯有如此才能加强教师与学生之间的凝聚力，将"教"的力量与"学"的力量有机综合起来，确保体育教学的效果，早日达成预期的教学目标。因而，教师在教的过程中，应明晰体育"为什么而教"，并将之与学生"我为什么而学"有机衔接起来，使之相互融合、渗透，促进教与学目标的和谐与一致。

2.以学生学习的过程为主要依据设计教学过程

在高校体育教学中，教师的"教"和学生的"学"是统一的。

因而，教师在教的过程中应关注并重视学生，围绕着学生的特点和需求设计教学过程，全心全意地为学生的体育学习与发展服务，借助丰富多彩、先进全面的体育教学，不断激发学生参与体育学习的热情，更好地满足其体育学习和发展需求。

3. 以学生学习的特点为主要依据选择教学方法

为学生设计更为合适的"学习方法"，是有效发挥其主体性的良好途径。高校体育教师在教学时，应注重对学生学习方式的引导，让其讲究学习的速度、效率以及创新性，使其探寻到更为高效的学习方式。具体而言，教师可针对学生的智商水平、学习能力以及性格特点上的不同，采取多样化的教学方法，培养其独立学习、深入学习的意识，使他们在学习中能够有所得。

4. 创设满足体育教学需要的自由民主的教学环境

自由民主的教学环境，能够较好地维持以及激发学生体育学习的热情和天分，使他们能动的、有活力的学习体育知识与技能。而教学的民主性是构建和谐的教学氛围的一大关键因素，它主要体现在教师尊重学生的人格，理解学生的学习差异，包容学生在学习中的不足甚至错误。

三、教师主导性与学生主体性的矛盾关系

在教学活动中，教师的"教"和学生的"学"是不可或缺的两大基础环节，正是这二者间的有机互动构成了一个完整的教学过程。这一对矛盾体，也是教学过程中的主要矛盾存在，其实质是教学要求与学生身心发展特点及水平之间的矛盾，因为它的存在，使得教学的发展有了无限的可能，所以可以说它是推动教学前进运动的基本动力。

"教"与"学"作为教学矛盾的两个方面，具有相互依存、对

立统一的特点。具体表现为矛盾的同一性和斗争性特点，其同一性是指教和学之间具有相互依存的必然联系，二者互为对方存在和发展的条件，共同统一于教学过程之中；而斗争性反映了二者是对立的，即它们具有互相排斥、互相否定、互相限制的特点。

（一）相互依存

在高校体育教学中，教师主导性与学生主体性是相辅相成的，二者是一对不可分割的整体，虽各有不同，但彼此互为依存。换言之，这两者间所呈现的是一种正相关的关系，教师在教学中主导功能的强化，促使学生更好地发挥其学习上的主体作用；而学生在学上主体性的加强，也给予了教学主导者（体育教师）更大的"用武之地"。

体育教师的主导性重点表现在将体育教学目标加以明确，然后深入了解学生体育学习的目的、兴趣和规律特点，并以此为依据设计体育教学过程。以便最大程度调动学生的参与热情以及学习积极性，促进体育活动"教"与"学"的顺畅、高效开展，推动体育教学目标的实效。学生在体育学习中的主体性主要体现在积极、主动参与到体育学习中；关心体育教学的内容和形式，对其有更为深入的了解，也产生了个性化的需求。

综上所述可知，部分体育教育发展较好的高校，意味着教师以及学生在体育教学中较好地发挥了自身的主观能动性。

（二）相互对立

在体育教学中，教师的主导性和学生的主体性并不总是统一的，也存在一定的对立情况，此时它们互相排斥、互相限制。

1.教师与学生之间存在着差别

一般而言，教师知识体系较为完善、技术技能也比较娴熟，而学生在知识和技能上缺乏经验和历练，在此些方面明显比不上教师，因而两者间势必存在着斗争，即"教"和"学"总在互相限制、否定。而教师的"教"是通过否定学生的原来状态实现的，以此让学生的知识和技能逐步获得不同程度的提高。

2."施教"与"受教"的对立

在体育教学中，教师主要是"施教者"，力求将体育知识和技能更好的传授给学生；而学生是"受教者"，会被动式地接受教师所教导的知识和技能。因而一方重视"施与"，一方以"接受"为主，这自然会造成两者的对立，使师生关系较为僵化、固定。这也是未来体育教师应当极力突破的一大难点，即构建和谐、互助的师生关系，确保体育教学"施教"与"受教"统一。

3.教育要求要塑造的对象与现实的教育对象间存在差异

学生是有思想的，这也体现在其一言一行上，因而在体育教学的实际中，他们并不会一直朝着预期的体育教育目的发展，且往往会与之有一定的差异。这就要求教师在教学过程中，应充分发挥自身的主导作用，尽量缓解甚至消除此类差异，鼓励、引导学生重视发挥自身在学习上的主体性。

第六章 现代体育教学管理的创新

第一节 教学管理的发展与完善策略

一、更新体育教学管理理念

体育教学管理工作能否顺畅、有效地开展，几乎直接取决于管理理念，具体而言，在高校体育教学中唯有具备科学、先进的管理理念才能使体育教学管理工作如鱼得水，收获较好的成果。时下，一些综合实力较为强大的国家或地区已率先提出了"生命第一，健康第二，教学第三"的先进教育理念。而这自然也值得我国效仿、跟进，随着这一理念在国内体育教学管理的有机融入，为我国体育教学管理开辟出了新的发展空间，也指明了新的进步方向，有助于我国管理理念的更新以及突破性进展。[①]

二、加强体育教学管理组织机构建设

组织机构是指组织发展、完善到一定程度，在其内部形成的结构严密、相对独立，并彼此传递或转换能量、物质和信息的系统。这一系统的主要任务是协调好组织各相关体的关系，有效识

① 王丽钰.高校体育教学管理问题分析与对策研究[J].丽水学院学报，2013，35（03）：119-124.

176

别并合理利用组织内所有成员的优势和长处，充分发挥组织的综合效力，以促成组织共同目标的实现。根据以上论述可知，为保证现代高校体育教学管理的创新发展，就必须构建一个科学、合理、完善的体育教学管理组织机构。

一般而言，教学实践目标的达成，需要与之相关的机构和人员齐心协力、共同促进，具体包括：教育机关、学校、体育学院、教师、学生等。学校组织机构的建设力度进一步提高，对于学校教学管理质量的提高以及相应的教学条件的完善均有现实价值。显而易见，高校体育教学活动的顺畅开展和教学目标的早日实现，同样离不开体育教师以及相关学校管理层的支持。学校应高度重视体育教学管理组织机构的创设工作，立足于体育教学的根本需求，有针对性地改进、完善组织机构的职能，逐步提高体育教学管理的水平和质量。

三、加强档案建设，并做到及时归档

教学档案，是在实际的教学活动中逐步形成的档案材料，它如实地记录了体育教学工作的整个过程，是高校体育教学思想和方法的生动体现，也是衡量以及评估教师"教"和学生"学"的水平和状态的重要依据。因此，高校必须重视档案管理工作，推动体育教学档案管理的规范化、标准化、体系化发展，保证体育教学实践中的各项资料能够及时、真实的记录并归档，方便日后的查阅、检验和考核。学校贯彻落实体育教学档案具有重大意义，具体而言，体现在以下几个方面。

其一，学校体育教学管理制度在学校体育教学管理档案不断完善的影响下，具备了越来越高的健全性。

其二，帮助教师形成反思、总结教学经验的良好习惯，使其教学能力得到积淀。从某一层面而言，体育教学档案本身就是体育教师教学经验的总结。因此，建立体育教学档案，并且逐渐丰富和充实档案内容，不仅能够使体育教师日常点滴的经验得到系统性梳理，且有助于其专业知识的持续更新与丰富，从而有效提升他们的专业素养。

其三，体育教学档案的管理是一个系统性的工程，在处理形形色色的资料过程中，能有效锻炼体育教师的整理、分析、归纳等能力，磨炼其意志品质，逐步夯实其科研基础。

其四，体育教学资料包罗万象，其触角延伸到社会生活的方方面面，如趣闻轶事、科技成果、生活常识等，此类资料可通过网络、杂志、书刊等途径获得，它们对于体育教学管理都有重要意义。

总而言之，在体育教学过程中加强档案的建设工作，不断丰富档案资料，对教师和学生而言均是有益的，在完善教师职业能力的同时，也能够有效激发学生的学习热情，逐步扩展其视野。

四、全面实施课内外全学分制管理，体现民主与集中

在高校体育教学管理中全面推行课内外全学分制，并且将民主与集中有机结合起来，是当前体育教学管理工作的重中之重，这一做法具有重要的现实意义。一方面，它使高校体育课外活动不再流于形式，成功地打入学生的日常生活之中；另一方面，它使得学校体育教学管理机制的完善程度进一步提升。高校体育管理部门为达成这一任务，可从如下方面努力。

1.处理好与校内其他相关部门的关系

体育教学管理部分应当处理好与校内其他部门的关系，以便在需要之时，及时获得相关部门的支持与配合。

2. 全面推动体育教学活动的学分制

对学生的体育课内、课外（俱乐部、协会、课余锻炼）全部实行学分制管理，并明确学生在每一学期内需要修得的体育必修课学分、体育类选修学分，对学分高者可以给予一定的奖励，以便鼓舞学生多多参与其中。此外，为确保各体育教学组织的良性发展，可引入适当的竞争机制，如采取"末位淘汰制"，将发展不佳或成员较少的教学团体重新整合或者直接淘汰。

3. 完善学分管理措施

为确保课内、课外体育活动的学分制度的全面推行，还必须构建一套与之相互配套的管理措施，并不断使之完善。具体而言，包括对学生每一学期必须锻炼的次数提出明确要求，并由专人负责记录考勤，完成者获相应学分，充分体现将民主与集中相结合、兴趣与强制相结合的原则，从而使学生课外锻炼的无序状态得到有效改善，让学生的体能和健康水平得到稳步地提高。

五、设置具有学校特色的体育教学课程

体育教学课程的设置科学与否，直接关系到体育教学的质量高低，它是体育教学质量提升的核心所在，也是推动体育教学改革进程的关键环节。学校作为一种特殊的教学体系，若要保持体育教学事业长盛不衰，稳步推进其可持续发展，势必需要构建独具特色的教学方法，从而较好地满足当下体育教学的需求，培养出更高社会适应性的高素质人才。

具体而言，学校若要设置独特自身特色的体育教学课程，可从如下方面着手落实。

其一，高校应当对校内体育教育发展的现状做一个全面、细致地评估，将其中较为有用的数据和信息全部归集整合，据此建

立起相应的档案，再者，也应深入分析、梳理学生的在体育活动中的学习特点、学习表现、学习需求和期望等，以便把握好他们的实际学习状况。

其二，将学生的学习状况与他们各自对应的专业特色有机结合起来，以此制定出符合其个性化发展规律与特点的教学内容，从而使学生的专业技术水平得到有效提高。

其三，调整、优化过去的课程体系，充分利用其中的积极部分，并作出适当的调整，淘汰其中有着明确缺陷的内容和要素，使之更符合学生的发展需求，更好地维持其学习热情。此外，学生在掌握到专业技术的同时，其身心也能够获得同步发展，逐步提升其社会适应性。

其四，为形成独具本校特色的体育教学课程，各高校的相关部门应不断调整教学目标、教学内容以及教学方式等，促进以上各项要素与高校体育教材的交流与融合，探寻出符合学生身心发展规律与特点的新型教学管理模式，从而持续提高高校体育教学的管理水平。

六、加强体育教学计划管理力度

就目前实际情况来看，很多高校的体育教学质量并不理想，究其原因在于体育教学计划管理的力度不足。高校若要改善这一状况，就必须加强体育教学计划的管理力度。

各大高校应致力于优质体育教学管理环境的营造，最大限度地调动教师"教"的积极性和学生"学"的自觉性，从而使体育教学计划的顺利实施得到有力保证，以此助力体育教学管理的顺畅发展。

优化体育教育管理群体结构，使管理权责、分工更为明确，确保计划能够有条不紊地进行。

学校还要通过各种方式和途径来使体育学术能力与行政权力之间的关系尽可能地处于相对平衡的状态，避免体育教学管理中受到过多行政因素的干扰的现象，从而保障学术组织在体育教学管理工作中的主体地位。

七、加强体育硬件设施的开发与建设

随着我国教育领域改革的逐步深化，高校的规模呈现出逐步扩大的趋势，而现有的体育场所和设施等已明显不适应新的局势。这也就对高校的体育教学设施提出了新的要求。为确保学习教育工作的顺利实施，各大高校势必需要严格按照相关条款规定来分配和使用经费，保证校内体育事业发展的基本投入，逐步更新硬件设施。此外，还应合理规划体育用地，根据实际需求和自身发展特点，有计划、有针对性地扩建。

通常情况下，高校在扩建新的体育场地过程中，会遇到各种各样的阻挠因素，如资金不足、场地有限、天气恶劣等，这些均是不可避免的。因此，学校有关部门应对扩建工作实施动态的监督管理，以便于及时发现问题，并运用恰当方式将之解决，从而保证新场地开发和建设的顺利进行，为日后体育教学事业的蓬勃发展奠定好场地基础。

八、建立并丰富体育教学评价管理体系

（一）建立科学的体育教学评价管理体系

科学的体育教学评价管理体系，是推动高校体育教学发展的重要动力，它不仅有助于教师职业能力的逐步提高，也能够长久

地激发、保持学生学习体育知识和参与体育活动的热情，更能够让教师实时掌握学生的体育学习情况，方便因材施教、分层教学的实施，提高体育教学的成效，促进教学目标的顺利达成。因此，高校相关管理层理应重视体育教学评价管理体系的构建工作[①]。为此，可从以下几方面着手。

1. 提高教学评价的科学性和公平性

在教学的过程中，教师应关注学生的课堂行为、成绩状况、技能水平等综合表现，并做好必要的记录，以此作为后期评价的依据。然后定期对该类档案资料进行综合分析，以此深入了解学生的学习情况，再根据每一位学生的具体表现，做出更为科学、公平的评价。

2. 提高教学评价的全面性

体育教师不仅要关注学生体育学习表现，还应对其思想品德、学习态度和创新能力等进行分析，从而对他们的基本状况有更加全面的了解，以此避免教学评价的偏差，使评价更为全面。

（二）及时丰富体育教学评价管理体系

体育教学评价管理体系的构建是一项系统工程，需要不断的修正、改进，并保持丰富性，以便于充分发挥学生在教学中的自主性效用，更好地满足其个性化学习需求，确保各项管理活动的有序、高效开展。为此，高校应尽力做到如下几点。

第一，改变学生的传统学习方式，变被动为主动，在体育教学中，引导他们主动参与、积极思考，自觉的发展自身的体育素质。

第二，在体育教学中，大量引入信息技术和互联网资源，让

---

① 刘存生.高校体育教学"多元评价"管理系统的构建——以衡水学院为例[J].衡水学院学报，2015，17（04）：31-34.

体育课堂的内容和形式更为丰富多彩、生动形象，让学生体会到更多的体育学习的乐趣和成就感，增进其对体育知识和动作技术的理解，以此充分激发其学习天赋，帮助其树立全面、立体的体育学习思维。

第三，良好的评价体系是衡量体育课程评价的基本尺度。在体育教学过程中，以这一评价体系为标准，并且与学生的专业特点有机结合起来，在对学生的体育学习过程和结果进行客观、科学的评价的同时，还应将课内学习和课外的活动相互衔接，及时发现问题，并妥善将之解决。

第四，建立科学合理的评价方式，使学生对体育教学的积极性和主动性都得到有效提升，此外，它也有助于完善体育教师的职业能力。

第二节　教学管理观念与活动创新

一、体育教学管理观念创新

体育教学是培养学生体育精神与文化的关键途径，而其管理观念尤为重要，它是保证各项管理活正常开展，以及确保教学活动收获良好成效的基础。由此，体育教学管理观念应以体育教学的实际为基础，结合当下时代发展特色，坚持面向现代体育教学，不断激发求知创新能力，以落实健康为根本的管理观念。于高校体育教育者而言，首要的是更新评价理念，借助积极的教学评价，让学生能够从学习的点滴进步中获取身心的愉悦，引导他们正确对待自身的优势和劣势，学会扬长避短，着重发展自身的特色长处，逐步提升其学习成效。此外，体育教学中的每一个环节都应不断调整、优化，既要符合时代发展的趋势，立足于此进行创新；也要注重满足人民群众对于体育教学的要求和期望，坚持面向现代体育教学的管理理念，促进高校体育教学的持续发展。

时下，我国体育教学的发展凸显出两大明显特色，一是生活化；二是终身化。而这两大特色具体体现在如下三个管理观念之上。

（一）激发求知、创新能力的管理观

当今时代，社会发展日新月异，一成不变的体育教学管理观势必无法满足社会进步对高素质人才的需求，也难以维持较好的教学质量。而激发求知、创新能力的管理观应运而生，它是提高体育教学质量的必由之路，其主要任务是致力于对体育知识与技能未知领域的探索，通过调动管理要素，夯实利于体育知识创新的基础，激发教师与学生在参与体育教学活动中求知、求新的自觉性，以此催生出新的、更优化的、更具实效性的体育教学模式，营造出有益于师生共同发展的体育文化氛围。[1]

（二）以健康为本的管理观

这一管理观念是以人为本理念在体育教学管理领域的延伸，它的运用展现出两大优势，一方面让体育教学活动的目的更为明显——帮助学生形成正确的健康意识和观念，养成规律性参与锻炼健身的好习惯；另一方面也为时代输出高素质的人才提供了重要保障。

（三）引导树立终身体育的管理观

终身教育理念适用于不同类型的教育领域，相较于其他学科体育教学更为特殊，但它同样不排斥这一理念，反而可通过此理

---

[1]　葛冰.体育教学模式的整体优化研究 [D]. 长春：东北师范大学，2007.

念的成功引入带动自身管理观念的创新发展。在具体的体育教学实践中，教师应重视终身体育的管理观，将之有机地融入每一个教学过程之中，引导学生树立终身体育的意识，培养其能够终身参与体育的知识和技能。

二、体育教学管理活动创新

体育教学管理活动的中心任务是借助管理的手段和方法合理配置、安排体育教学中的所有要素，充分发挥其价值和效力，以推动体育教学目标的达成。创新体育教学管理活动是激活各项要素的必由之路，其关键在于促成管理活动的规范化发展，不断增大管理活动的效能。规范体育教学管理活动是实现创新的重要基础与首要环节，体育教育的施教者与受教者、教学内容、教学用品等要素必须纳入正常的管理体系中，活动创新应着重调节、均衡各要素之间的关系，因为无论是哪一要素缺乏规范，都将严重干扰管理的执行和效力实现，使创新的难度加大。体育教学管理活动应保持开放、包容的原则，主动与内部和外部的各项影响要素建立紧密联系，注重市场的动态变化，紧跟时代的发展步伐。为推动我国社会的稳步前进，党和政府已提出了要培养观念、知识、素质、能力和全面发展的复合型人才。这也揭示了我国体育教学管理内容的可调整性，它能够随着时代的变迁以及大众多样化需求的变化而逐步改进、优化，从而为我国的繁荣发展输出更多适应性强、素质全面的人才。因此，高校在体育教学管理的创新过程中一定要把握好这一点。

第三节　管理体制与机制创新

一、体育教学管理体制创新

体育教学管理体制的创新主要体现在两个方面，一是管理规则的创新；二是管理制度的创新。之所以要推动管理体制的创新，是为了形成一个完善、系统的管理体系以确保各项管理活动的顺畅、高效开展。而保障管理制度的完整性与科学性是实现这一目的重要基础。

1. 完整性

完整性是指各项管理内容都具有制度的规约，以防因其缺失或内容不够完备，而造成体育教学管理活动的混乱。为确保管理制度的完整性，应做好管理的评估与反思中的各项工作。

2. 科学性

科学性是指体育教学管理制度的制定要符合体育教学活动的一般规律，顺应体育教学的发展趋势，体现出"以人为本"的制度关怀与满足体育教学目的的制度约束力。

3. 完整、科学的体育管理制度的制定

第一，实施体育教学扁平化管理结构，提高管理效率，弱化管理的权力意识，充分提高各管理要素的效率价值。

第二，强化体育教学管理的核心目标与使命，注重对体育教学质量的提升，尊重并重视引导学生发挥其在教学中的主体性，帮助他们树立终身体育的意识以及夯实终身参与锻炼的基础知识和能力。

第三，实行宽松的管理政策，赋予基层体育教学应有的管理权限，让学生获得一定的管理自由度，并适时给予他们恰当的帮助，以逐步摆脱传统管理体制的约束，实现管理体制的创新。

二、体育教学管理机制创新

体育教学管理机制的运转情况对于体育教学的开展有着重要影响，实现其创新发展也是当下推动高校体育稳步发展的关键所在。在创新这一层面上，相较于管理体制，管理机制有着明显不同，即它的创新需要依仗必要的载体方可实现，具体而言，包括约束机制与激励机制。

（一）体育教学管理约束机制

组织目标的达成，关键还在于管理，管理中有一项重要内容——控制，而完美的控制有赖于强有力的约束机制，由此可见建立有效的约束机制是实现规范化体育教学管理的基础。有了完善、全面的约束机制，教学活动中所涉及的各类要素均将处于受控状态，人和物各得其所，有条不紊地运行着，共同推动高校体育教学的创新发展。

（二）体育教学管理激励机制

体育教学管理激励机制的建立，是实现高校实现体育教学管理机制创新的又一项重要任务。恰如其分的激励，能够较好地激发体育教学中施教者和受教者的参与热情，长久地维持他们进行体育锻炼的动力。

目前运用较为广泛，收效也较显著的激励方式有薪酬激励、荣誉激励、成绩激励等。但教师和学生在个体上有着较大差异，如身体素质、技能水平、心理素质、发展需求等均不同，因而在激发教师"教"的积极性、创造性、主导性和学生"学"的积极性、自觉性、自主性时，应当综合考虑以上因素，采取最为合适的激励方法，以达到最优化的激励效果，逐步丰富管理的形式，形成良好的管理机制。

参考文献

[1] 刘一平. 当代大学生体质健康与促进 [M]. 北京：科学出版社，2015.

[2] 毛振明. 体育教学论 [M]. 北京：高等教育出版社，2017.

[3] 吴广，冯强，冯聪. 高校体育管理体制与教学改革研究 [M]. 北京：研究出版社，2020.

[4] 张振华. 体育教学理论与方法 [M]. 北京：北京师范大学出版社，2016.

[5] 刘云民，王恒. 排球教学与训练 [M]. 哈尔滨：哈尔滨工程大学出版社，2016.

[6] 潘映旭，安琪，王骏昇. 中小学排球教学理论与方法 [M]. 北京：北京体育大学出版社，2016.

[7] 董亚会. 现代体育教学管理与理论创新研究 [M]. 北京：中国水利水电出版社，2018.

[8] 董大志，周余，陈维富. 现代体育教学管理探索与课程实务研究 [M]. 北京：中国书籍出版社，2017.

[9] 耿剑峰. 创新教育理念下的体育课程建设与教学管理研究 [M]. 北京：新化出版社，2020.

[10] 杨景元，董奎，李文兰. 体育教学管理与教学现状 [M]. 长春：吉林人民出版社，2019.

[11] 王刚，张德斌，崔巍.体育教学管理与模式创新 [M].延吉：延边人民出版社，2019.

[12] 李新文.体育健康管理方法论 [M].成都：电子科技大学出版社，2014.

[13] 曾佳.大学体育教学与管理研究 [M].长春：吉林出版集团股份有限公司，2019.

[14] 苑莎.新时期体育教学管理与教学质量提高综合研究 [M].北京：北京工业大学出版社有限责任公司，2019.

[15] 李尚华，孟杰，孟凡钧.大学体育教学与管理实践 [M].长春：吉林出版集团股份有限公司，2019.

[16] 赵琼，马健勋，叶晓阳.当代体育教学管理研究 [M].北京：中国纺织出版社，2017.

[17] 张春超，徐鸿鹏，李磊.新时期体育教学管理与课程建设 [M].北京：中国农业出版社，2022.

[18] 张劲松，张树巍.高校体育管理理论与实践 [M].沈阳：东北大学出版社，2016.

[19] 张瑞林.学校体育管理学 [M].北京：高等教育出版社，2014.

[20] 肖林鹏.现代体育管理学（第 3 版）[M].北京：北京体育大学出版社，2015.

[21] 昊江.体育教学与文化融合 [M].北京：冶金工业大学出版社，2015.

[22] 骆雷.体育管理实证研究方法与实务 [M].上海：复旦大学出版社，2022.

[23] 韩开成.体育管理学 [M].重庆：重庆大学出版社，2019.

[24] 王健，马军，王翔.健康教育学 [M].北京：高等教育出版

社，2006.

[25] 华宝元.教育管理学四大范畴视角下高校体育教学管理创新研究 [J].广州体育学院学报，2017，37（01）：107-109.

[26] 周亚夫.高校体育教学管理模式的创新研究 [J].科技展望，2016（06）：243.

[27] 周洪松.教育管理学四大范畴视角下高校体育教学管理创新分析 [J].当代体育科技，2020，10（26）：74-76.

[28] 刘衡升，刘维韬，马凯."课内外一体化"模式下高校体育教学管理体系的研究 [J].当代体育科技，2021，11（05）：161-163.

[29] 江秋寒.浅谈高校体育教学管理与阳光体育的"共融"[J].科学咨询（科技·管理），2021（03）：35-36.

[30] 崔天意，邹琳.智慧校园背景下高校体育教学管理平台建设研究 [J].当代体育科技，2021，11（07）：157-159.

[31] 宋昭颐.高校体育教学管理现存问题及应对策略分析 [J].当代体育科技，2021，11（17）：119-121.

[32] 卓存杭.探索三维目标在高校体育教学管理中的落实 [J].江西电力职业技术学院学报，2023，36（01）：82-84+87.

[33] 张泽.高校体育教学管理发展困境及前景展望 [J].长春师范大学学报，2021，40（08）：116-117.

[34] 张继贵.我国高校体育教学管理的困境及解决措施 [J].黑龙江工业学院学报（综合版），2022，22（09）：148-152.

[35] 郭家骏，于欣慈.高校体育教学管理创新与发展思考 [J].长春师范大学学报，2022，41（05）：189-191.

[36] 王一鸣.基于创业教育理论的体育专业本科生教学方法分类体系构建 [D].长春：吉林大学，2016.

[37] 高鹏，基于科学知识图谱的国内体育教学方法研究发展趋势 [D]. 聊城：聊城大学，2014.

[38] 尼加提·吐尔迪. 高校校园体育运动伤害校方责任保险法律制度的研究 [D]. 北京化工大学，2022.